境野米子

一汁二菜

境野米子

一汁二菜

創森社

一汁二菜◉もくじ

秋のおかず

冬のおかず

ごはん

汁もの

常備菜と漬けもの

＊材料は４人前を基本とし、１カップは２００ccとする。

「一汁一菜」のすすめ

季節の素材を生かし、身近なものを食べる

「サヤエンドウが実ったから、サヤエンドウを食べる」。あたりまえのことなのですが、たいていの食材が季節を問わずに入手できるような時代には、旬の感覚も薄れがちになります。野菜は旬のものがいちばんですから、八百屋さんなどでは、ぜひ地場産で値段の安い野菜を求めたいものです。二〇〇〇年末に『日本食品栄養成分表』（旧科学技術庁資源調査会編）が改訂されましたが、野菜によっては周年供給などの理由でビタミンCが半減したものもあります。露地ものが出回る盛りの時期は、栄養価がぐんと高まり味わいも濃くなります。しかも量が豊富でお安くなる、といいこと尽くし。

出盛りの食材でメニューを決めるようにすれば、季節と食卓の距離がぐっと近くなります。そして、食卓と畑の距離も近くなります。昔から「身土不二《しんどふじ》」といわれ、生命と土地は切り離せないもの、自分の住むところでできたものを食べるのが身体《からだ》にいちばんいいとされてきたのです。

主食であるごはんをしっかり摂る

生命が芽吹く春

おかずばかり食べていると脂肪やタンパク質の摂取量が増えて、生活習慣病にかかりやすくなります。主食であるごはんを大切に、おかずと合わせて、しっかり噛んで食べることが大切です。毎日のごはんをパワーアップさせるのが、健康への早道です。白米信仰を捨てて、できるだけ白くないお米を、ヌカ部分を残した五分づき米や三分づき米、胚芽米を食べるとよいでしょう。また、カルシウム、ビタミン、食物繊維が豊富な玄米や、アワ、キビ、ヒエといった雑穀を、もっと食卓にのせましょう（玄米、分づき米、雑穀などの食べ方は88頁〜）。

穀物は腹もちがよく、間食を防ぎ栄養バランスを改善します。ごはんを主役に据えて、おかずは穀物をおいしく食べるための、最上の友と考えてください。子供の肥満や生活習慣病が増えている今だからこそ、代々受け継がれてきた主食を見直したいものです。

おかずは「一菜」を基本に

しばしば「一汁三菜」と言われますが、品数多くおかずをつくるのは、ちょっとたいへん……、そんなときもあります。肩の力を抜いて、おかずは「二菜」を目安に、数を増やすことより活力の濃い旬の素材を一口一口味わい、噛みしめて食べることに心を向けてください。そして、主食であるごはんと季節の具の入った味噌汁、それに漬けものや常備菜が加われば、万全です。

二菜とは文字どおり二つのおかずですが、ちょっと力を入れた主菜と、もう一つ簡単にできる、あるいは保存性がある副菜を添えます。漬けものや常備菜を、もう一菜と数えてもよし。朝や昼なら無理せず、好みの「一菜」でもかまいません。おかずの数より、旬の命ある食べものを大事に、身体にも心にも気持ちよく取り入れるのが「一汁二菜」の食卓です。

野山の幸を干す夏の縁側

大豆の力たっぷりの味噌汁を飲む

塩分過多が脳卒中の原因になるからと、味噌汁を飲む回数を減らしたほうがいいといった声があがったことがあります。しかし脳卒中に関係するのはナトリウム塩で、味噌ではありません。味噌は、良質タンパク質、ビタミン、ミネラルを豊富に含み、「がんと闘う力がある」と高い評価を得ている大豆を、発酵させることによって最も消化・吸収しやすい形にした食品です。「味噌汁を毎日飲む人は、ほとんど飲まない人に比べて胃がんによる死亡率が低い」とした疫学調査の結果が平山雄博士から発表され、注目を浴びました。その後、広島大学の伊藤明弘教授は、味噌が放射性物質により受けた障害の回復力を増すことや、肝臓がんの発生率を抑えること、乳がんの発生率を抑えることなども実証しています。

味噌は私たちが世界に誇る調味料で、まさに「一汁一菜」、食事に味噌汁を添えるのは、賢明な知恵なのです。なにより、味噌汁の具は季節の野菜や海藻、豆腐、キノコと何でも合い、汁があればごはんがおいしくなります。

常備菜や漬けものをプラスする

何がなくても常備菜と漬けものがあれば、ごはんがおいしく食べられます。納豆やタラコだって立派な常備菜です。わが家では湿気た焼きノリでつくった佃煮や、味噌に刻んだネギを混ぜただけの一品が活躍中。ただコトコト煮るだけ、ただ混ぜるだけなのに、つくりおきができて、冷めても味が変わらない小さなおかずたち。漬けものだって余った野菜を集めて刻み、塩をふればできあがります。

常備菜、漬けものは、ほとんど油分を使いませんから、低カロリー、ヘルシーで、旬の

実りの秋を迎える

野菜や海藻をいつでも食卓にのせることができます。

味つけ、調理はシンプルに

日々の料理はシンプル・イズ・ベストを旨とすべし。必要以上に手間をかけ過ぎないことが、素材そのものの味を存分に引き出すコツでもあります。調味料はしょうゆ、味噌、塩、こしょう、砂糖、みりん、酒といった基本的なもので十分ですから、よいものをそろえてください。調理法も煮る、炒める、焼くで十分。短時間で手早くつくれるものでないと長続きしません。

生きた調味料を選んで使う

季節の素材を十二分に生かすために、味噌、しょうゆ、酒、みりんなどの基本的な調味料や油は、本来の力が生きている品を使ってください。しょうゆ一つをとっても、国産丸大豆、非遺伝子組み換え大豆が原料の、伝統的な製法でじっくりねかせてつくられたものと、脱脂加工大豆が原料で色はカラメル色素、味をアミノ酸系調味料でつけたしょうゆとでは、香り、色、味がまったく違います。安全な原料による天然醸造のしょうゆが適切な価格で求められるようになることが望ましいのですが、ぜひ本来のしょうゆと問題のあるしょうゆの違いを知って、選択していただきたいと思います。味噌やしょうゆは発酵食品で、暑い季節にはカビがはえ、味が変わっていく生きものです。最近では、外見は同じでも発酵させていない、即席の味噌やしょうゆも出回るようになりました。生きていなければ、本来の味噌やしょうゆがもっている胃腸を整える力もなければ、腹痛を抑える力もありません。良しあしは、原材料をみて判断してください（選び方や商品は113頁〜）。

暖をとる冬

ボケの花が咲き、春本番

春のおかず

香り高い春。味わいの濃さは命の濃さ

私が福島県伊達郡の小さな町に移り住み、古民家暮らしを始めてから、もう七年あまりになります。山に囲まれ、田畑がつづく山里の春の訪れは、ドドーッ、ドップーン、凍った雪をかきわけて流れる水の勢いでわかります。家の裏手は竹林、台所横の約一三〇坪ほどの菜園で楽しみながら季節の野菜を育てています。

待ちわびた恵みをシンプルに味わう

春は待ちわびた豊潤な恵みであふれます。フキノトウのほろ苦さ、小松菜や菜の花などの葉ものの甘さは絶品です。縮こまっていた身体が、そんな味と香りを求めて動き始めます。眠っていた大地から生まれる作物の、ひとつひとつの味の濃さは命の濃さ。キャベツ、サヤエンドウ、タマネギ、グリーンアスパラガス……どれもこれも、寒風にさらされた季節をともにくぐり抜けた同志です。だからこそ春の野菜は香り高く、甘くて味わい深いのでしょう。ゆでて、さっとしょうゆをかけただけで、十分においしくいただけます。できるだけ薄味で調味して、春の香りを思う存分味わいたいものです。

春の自宅前

小豆の山椒味噌がけ

短い旬を味わい尽くす。煮ものの王様と山椒の葉の味噌

春本番。わが家の庭にも、毎年タケノコ、ウド、山椒などが顔を出してくれます。このタケノコやウドを、ニシンをカリカリに干した身欠きニシンといっしょに炊いた煮もの（17頁）は、ちょっとほかには比べようのないおいしさで、煮ものの王様だと私は思います。

春の幸が最高に楽しめる時間はわずかです。タケノコ、ウド、菜の花、サヤエンドウもあっという間に盛りが過ぎて、潔く終わり。山椒の葉も、やわらかくておいしい時は、ほんのいっときです。だからこそ、そのいっときを延ばしたくて保存に精を出します。

重宝するのは山椒の葉でつくる味噌。山椒の葉をみりんとともにミキサーにかけ、鍋に味噌、砂糖を加えてプツプツと沸騰させた中に加えて煮ます。砂糖で好みの味にし、煮詰めます。簡単だし、冷蔵庫で保存すれば一年中使える便利さ。山椒の葉は、冷凍するとボロボロになって香りもイマイチ。ですが、この方法だと香りをずーっと楽しめます。

生青ノリやワカメなど、旬の海藻をふんだんに味わいたい

生青ノリは、春のほんの一時期にだけ店頭に並びます。天ぷらや汁に入れるなど、春の海の香りを楽しめます。ビタミン類、ミネラル類が豊富で免疫力を高め、病気に対する抵抗力をつけてくれます。

ワカメは三〜五月、早春に採れるものが良品とされ、やわらかく色も鮮やかです。カルシウムや、カロチンを豊富に含むほか、含有量の多いヨードが乳がん予防に効果があるとする実験結果があります。ヨードは、不足するとイライラするなどの精神不安の原因ともいわれます。成長期の子供や骨粗鬆症《こつそしょうしょう》の危険性がある女性は、心して食べたいものです。

旬のフキノトウ

菜の花が春を告げる

①庭のスズランスイセン
②やわらかなニンジンの葉
③ムスカリ
④オオイヌノフグリ
⑤レモンバーム
⑥ヒメオドリコソウ
⑦野菜の種を植えました
⑧春。新緑が萌えいでて、庭も土手も草花が咲き競う
⑨水ぬるむ春の小川
⑩山椒の若葉
⑪タラノメの芽吹き

春の献立

タケノコ、ニンジン、フキ、ミツバ、サヤエンドウ……。
春の香りを存分に味わうメニューです。
黄色のつぶつぶが愛らしいキビごはんを添えて。
キビは玄米同様、ミネラルやビタミンB群、食物繊維がたっぷりです。

五目蒸し豆腐
ミツバのおひたし
キビごはん
サヤエンドウの味噌汁
フキの炒め煮

フキを油で炒めると短時間で苦みが消え、味に深みが出ます

五目蒸し豆腐

〈材料〉 豆腐1丁、ゆでタケノコ50g、ニンジン1/2本、ヒジキ少々、シイタケ2枚、ネギ少々、卵1個、塩小さじ1/2、酒大さじ2、薄口しょうゆ・みりん・片栗粉各大さじ1、ゴマ油少々

〈つくり方〉 ①豆腐は布に包んで水けをきる。
②ヒジキは水につけてもどし、細かく刻む。タケノコ、ニンジン、シイタケ、ネギはみじんに切る。
③鍋に②の材料を入れ、塩、酒、薄口しょうゆ、みりんを加え、ふたをして弱火で蒸し煮にする。
④①の豆腐をすりつぶし、卵と片栗粉を加えて混ぜ、さらに③を混ぜる。
⑤型にゴマ油を塗って④を詰め、20〜30分蒸して、切り分ける。

ミツバのおひたし

〈材料〉 ミツバ一束、削り節適宜

〈つくり方〉 ミツバをさっとゆでて冷水にとり、食べやすい長さに切る。削り節をかける。

キビごはん

白米2カップとキビ大さじ3を合わせて2カップ強の水加減をし、炊飯器で普通に炊く。サクラの花の塩漬けなどをのせると春らしい。
＊キビは、米とは別に茶漉《こ》しに入れて静かにふるうと簡単に洗える。

フキの炒め煮

〈材料〉 フキ1束、ゴマ油大さじ1、酒・しょうゆ・みりん各適宜

〈つくり方〉 ①フキは塩をひとつまみ入れた熱湯でゆでて、鮮緑色になったら水にさらし、筋を取る。4cm長さに切る。
②ゴマ油を熱して①のフキを炒め、酒、しょうゆ、みりんで調味し、弱火で味を含ませる。

アスパラガスから命名されたアミノ酸のアスパラギンは、新陳代謝を促す成分。芽の部分にとりわけ多く含まれている

主菜

アスパラガスとカツオの衣焼き

淡い衣で旨みを封じ込めて焼きます。
ここではアスパラガスは切らずに丸ごと味わってみてください。

〈材料〉 グリーンアスパラガス2束、カツオ刺身用200g、小麦粉適宜、塩・こしょう各少々、ゴマ油・ダイコンおろし各適宜

〈つくり方〉 ①グリーンアスパラガスは、根元から5㎝くらいのかたい部分の皮をぐるりとむく。カツオは刺身で食べる大きさ、厚さに切り、塩、こしょうをふる。
②ボウルに水1/2カップと小麦粉大さじ1、塩少々を混ぜ合わせ、衣をつくる。アスパラガスをくぐらせて衣をつける。カツオは両面に小麦粉少々をふる。
③ゴマ油を熱しアスパラガスを転がしながら焼く。焼き色がついたら皿にとり、次にカツオをさっと焼く。
④ダイコンおろしを添える。好みで酢じょうゆ、レモン汁などをかけて食べる。

食物繊維が豊富で、便秘や大腸がん予防に、またコレステロールを抑えるのに効果的。かたく消化しにくいので、やわらかくゆでて

タケノコと身欠きニシンの煮もの

タケノコは汁、炒めものとなんでもおいしいのですが、薄味の煮ものの味はまた格別です。

〈材料〉 タケノコ大1本（500g）、身欠きニシン3本、シイタケ5枚、だし汁1カップ、砂糖・酒・薄口しょうゆ・みりん各大さじ1

〈つくり方〉 ①タケノコは米のとぎ汁またはヌカを入れてゆで、アク抜きをする。流水で洗い、一口大に切る。身欠きニシンは熱湯でゆでこぼして流水で洗い、脂分を除いて4等分する。

②シイタケは石突きを落とし、大きいものは半分に切る。

③鍋にだし汁と分量の調味料を加え、タケノコ、ニシン、シイタケを入れて煮含める。

春の五目豆

豆と旬の素材を彩りよく炊いた、甘さ控えめのおかずです。保存が利きます。

〈材料〉 大豆1カップ、ニンジン小1本、ゆでタケノコ50g、シイタケ3枚、コンニャク1/3枚、昆布10㎝、だし汁1カップ、しょうゆ大さじ2、酒・砂糖各大さじ1

〈つくり方〉 ①大豆はたっぷりの水に一晩つける。アクをすくい取りながら、やわらかく煮る（市販の水煮缶詰を使っても便利）。

②昆布は水に浸し、やわらかくする。昆布、ニンジン、タケノコ、シイタケ、コンニャクは大豆に合わせてサイコロ形（さいの目切り）に切る。

③鍋にだし汁としょうゆ、酒、砂糖を入れ、①②を加えてやわらかくなるまで煮る。

春野菜の白あえ

春野菜を豆腐でふんわりあえた、彩りのよい一品。クルミでコクを出して。

〈**材料**〉サヤエンドウ100g、ニンジン小1/2本、ゆでタケノコ50g、しらたき少々、クルミ（実）1/2カップ、豆腐1/2丁、砂糖大さじ2、塩小さじ1/2、薄口しょうゆ小さじ1

〈**つくり方**〉①豆腐は布に包んで水けをきる。クルミはフライパンで炒り、すり鉢またはミキサー（ミル）ですりつぶす。

②サヤエンドウは筋を取り、塩をひとつまみ入れた熱湯でさっとゆで、食べやすい大きさに切る。同じ熱湯で3㎝長さの短冊切りにしたニンジンをゆで、やわらかくなったらざるにあげる。

③タケノコは食べやすい大きさに、しらたきは2㎝長さに切り、ゆでてざるにとる。

④豆腐とクルミを混ぜ合わせ、調味料を加えて②③をあえる。

サヤエンドウと豆腐の煮浸し

エメラルド色のサヤエンドウは、最も春らしい野菜の一つです。

〈材料〉 サヤエンドウ100g、豆腐1丁、ちりめんジャコ50g、エノキダケ1袋（約100g）、だし1/2カップ、薄口しょうゆ・砂糖・みりん各大さじ1、塩少々

〈つくり方〉 ①サヤエンドウは筋を取り、塩をひとつまみ入れた熱湯でゆで、青いうちにざるにとる。

②エノキダケは根元を切り、半分の長さに切り、ほぐす。豆腐は食べやすい大きさに切る。

③鍋にだしと薄口しょうゆ、砂糖、みりんを入れ、豆腐、ジャコ、エノキダケを入れて煮る。

④豆腐に火が通ったら①のサヤエンドウを加え、ひと混ぜする。

カロチン、ビタミンCが豊富なサヤ。良質のタンパク質を含む豆。その両方を味わえる。また、利尿作用があり、膵臓の働きも整える

春野菜と干しダラの香味づけ

すぐに食べてもいいのですが、1～2時間おくと味がなじみます。

〈材料〉セロリ2本、ニンジン小1本、棒ダラ（市販のおつまみ用タラが便利）100g、セロリの葉またはパセリ少々、根ショウガ少々、つけ汁（酢1/2カップ、しょうゆ3/4カップ、酒・みりん各1/4カップ）

〈つくり方〉①棒ダラは皮をむき、骨を取って4cm長さにほぐし、つけ汁につけておく。

②セロリは筋を取り、ニンジンは皮をむき、それぞれ4cm長さの棒状に切り、①と合わせてつける。

③皿に盛り、みじん切りのセロリの葉とせん切りの根ショウガを散らす。冷蔵庫で1週間程度は保存できる。

青菜類はビタミン、ミネラル類がたっぷり。ニンジンはビタミンAが豊富で、がんと闘うファイトケミカル

副菜

青菜とニンジンのゴマあえ

春が香る、あえものです。黒ゴマでつくってもおいしい。

〈材料〉 青菜（カブレ菜や菜の花など）1束、ニンジン1/2本、白すりゴマ50g、砂糖大さじ1、塩少々、薄口しょうゆ小さじ1

〈つくり方〉 ①シュンギクは塩をひとつまみ入れた熱湯でゆでる。冷水にとり、3cm長さに切って水けを絞る。ニンジンは3cm長さの短冊切りにして、やわらかくゆでてざるにあげる。

②ゴマに砂糖、塩、しょうゆを加えて混ぜ、①をあえる。

アスパラガスのおひたし

さっぱり味のかけ汁でいただく春のおひたし。いくらでも食べられます。

〈材料〉アスパラガス1束、根ショウガのすりおろし1かけ分、かけ汁（だし汁・薄口しょうゆ各大さじ1）

〈つくり方〉①アスパラガスは根元のかたい部分の皮をむき、塩ひとつまみを入れた熱湯で少しかためにゆでる。ざるにとり、冷めたら3㎝長さに切る。

②汁をかけ、根ショウガを添える。

タケノコの酢じょうゆあえ

旬のタケノコを味わい尽くす、超スピードメニューです。

〈材料〉ゆでタケノコ200g、アサツキ少々、酢じょうゆ（酢・しょうゆ各1/4カップ）

〈つくり方〉①タケノコは薄切りにする。アサツキは小口切りにする。

②タケノコを器に盛り、酢じょうゆをまわしかける。アサツキを散らす。

フキノトウの甘酢漬け

出盛りにつくる甘酢漬けは、サラダ感覚で食べられます。

〈材料〉フキノトウ適宜、甘酢（砂糖50g、塩小さじ1、酢1カップ）

〈つくり方〉①フキノトウは、塩をひとつまみ入れた熱湯でゆで、水にさらしてアクを抜く。

②ギュッと水けを絞る。酢少々（分量外）をふりかけて、また絞り、甘酢に漬ける。

食用の山椒は、春にやわらかい若い葉「木の芽」を摘んで使う。強い芳香で、殺菌作用がある

ニシンの山椒漬け

福島県会津地方に伝わる郷土料理。山椒の若葉が、深緑に輝く季節につくります。いっしょにニンジンやセロリを漬けて食べるのもオツ。

〈材料〉 身欠きニシン5尾、山椒の若葉適宜（約20枚）、漬け汁（しょうゆ150cc、酢100cc、みりん50cc）

〈つくり方〉 ①身欠きニシンは、4つに切る。

②容器（冷蔵庫に入る四角のガラス容器やホーロー容器を用いるとよい）に山椒の葉を敷き、ニシンを並べ、その上にまた山椒の葉を置き、漬け汁をかける。

＊3〜4日で食べられ、冷蔵庫で1か月は保存できる。

＊身欠きニシンのアクが強いときには、米のとぎ汁につけてから使う。甘い味つけがいやな人は、みりんではなく酒を使うとよい。

菜の花のニンニクじょうゆあえ

ひと味変えた、菜の花のあえもの。子供やお年寄りにはやわらかめにゆでて、ラー油を除いてください。

〈材料〉菜の花1束（約200g）、ニンニクじょうゆ（ニンニク1かけ分のみじん切り、しょうゆ大さじ1、酢小さじ1/2、砂糖小さじ1、ゴマ油・ラー油合わせて小さじ1）

〈つくり方〉①菜の花は、塩をひとつまみ入れた熱湯でゆでて、冷水にとる。3cm長さに切り、水けを絞る。②皿に菜の花を盛り、ニンニクじょうゆをかける。

小松菜と鶏のくず煮

小松菜の奥深い味わいを堪能できる一品。丼にしてもいいですね。

〈材料〉小松菜1束、鶏ひき肉50g、酒・しょうゆ・みりん・片栗粉各大さじ1、ゴマ油小さじ1、根ショウガ1かけ

〈つくり方〉①小松菜は、塩をひとつまみ入れた熱湯でゆでて冷水にとり、3cm長さに切って軽く水けを絞る。②ゴマ油を熱し、みじんに切った根ショウガを炒め、ひき肉を加えてさらに炒める。③酒、しょうゆ、みりんを加えて小松菜を混ぜ合わせ、水で溶いた片栗粉を流し入れひと煮立ちさせる。

青ノリの酢のもの

春のほんの一時期、店頭に並ぶ生青ノリを、待ちかねてつくります。

〈材料〉 生青ノリ100g、三杯酢（酢大さじ3、砂糖大さじ1、塩小さじ1/4、しょうゆ小さじ1/2）、根ショウガのすりおろし少々

〈つくり方〉 青ノリに三杯酢を加え、あえる。ショウガをのせる。

ワカメのおひたし

早春に採れるものが良品とされ、熱湯にくぐらせると色鮮やかに、やわらかくなります。

〈材料〉 生ワカメ50g（乾燥ワカメなら20〜30gを水でもどす）、ちりめんジャコ・根ショウガ各少々、タマネギ1/2個、かけ汁（だし汁大さじ3、しょうゆ大さじ1）

〈つくり方〉 ①ワカメは水で洗う。熱湯にくぐらせて冷水にとり、2cmくらいの長さに刻んで少量のしょうゆ（分量外）をかけておく。②タマネギは薄くスライスし、水にさらしてざるにとり水けをきる。③ワカメとタマネギを混ぜてかけ汁をかけ、ジャコと根ショウガのせん切りを散らす。

多量のヨード、カルシウム、リン、鉄（牛乳の550倍）、などを含む。血管の硬化を防ぎ、歯や骨を丈夫にする

ヒジキ煮

ふだんの食事からはなかなか摂れないミネラル類や食物繊維を、一気に取り込むバランス食です。

〈材料〉 ヒジキ（乾燥）30g、ニンジン半本、ゴボウ10㎝、シイタケ3枚、しらたき1/2袋、油揚げ2枚、だし汁（または水）カップ約1/2、砂糖・酒・みりん各大さじ1、しょうゆ大さじ2〜3

〈つくり方〉 ①ヒジキは水につけてもどし、長さ3㎝くらいに切る。ニンジンは細切り、シイタケは石突きを取り、細切りにする。

②ゴボウは皮をこそげとり、ささがきにし、水につけてアク抜きをする。しらたきは3㎝長さに切る。油揚げは熱湯をかけて油抜きし、短冊に切る。

③鍋に①と②、だし汁、分量の調味料を加え、汁けが少なくなるまで煮含める。

瑞々しい採れたてキュウリ

夏のおかず

暑い季節には身体を冷やす夏野菜を

キリリリーと、薄紫色の朝焼け空を突いて鳴くヒグラシ。藍色の紫陽花《あじさい》や、白や紅のホタルブクロが次々と咲き乱れ、草や木々の生命力があふれる季節。赤紫色のゴボウの花、紫紺色のナスの花、淡い黄色のオクラの花など、野菜の花々が咲き競います。この季節には草むしりが待っています。取っても取っても生命力旺盛な草に、とても太刀打ちできません。ひと通り取り終わると、最初にむしったところはもう草に埋まっています。

どっさり採れた旬野菜を飽きずに食べるレパートリー

夏の野菜といえば、トマト、ナス、ピーマン、キュウリ、インゲン……など。これらの野菜が一年中店頭に並んでいるご時勢ですが、寒い季節にはおすすめできません。夏の野菜は身体を冷やしますから、暑い季節に食べてこそ効果を発揮します。なにより露地ものが採れる時期に食べるのが栄養的にもいちばんで、しかもお安い。わが家でもキュウリ、ナス、インゲンなど家庭菜園でつくっている野菜は、毎日、朝昼晩と食べてもまだ食べき

オクラの花が咲いて

緑燃え立つ。夏のわが家

れないほど、どっさり採れてしまいます。飽きずに食べるためのお料理を紹介します。

香味野菜で食欲増進。冷やすばかりでなく熱々の料理も

夏のお料理のキーワードは「食欲増進」。香味料や香辛野菜を上手に使うことが夏バテを乗りきるコツです。暑くて何も料理が思い浮かばないときは、根ショウガ、ニンニク、唐辛子などを細かく刻み、ゴマ油で炒め、野菜や肉、魚も炒めます。味つけは、塩・こしょうでも、しょうゆとみりんでも、味噌でもなんでも合います。

ミョウガやシソも刻んでのせるだけで効果は絶大。昔はたくさん食べると物忘れするなどと言われたこともあったミョウガですが、実はマラリアの妙薬、咳の薬、口中のただれに効くとされ、腎臓にも効果がある漢方薬です。安心してたくさん食べたいものです。

また、夏はビール、麦茶など冷たいものをたくさん飲みますから、熱々の料理も取り入れてバランスをとりたいもの。酢のもの、漬けもの、サラダ、常備菜などは冷たいものを用意して、メインの料理はオーブンを利用したり、短時間の調理時間ですむ炒めものなど熱いものを合わせてみてください。

糸コンニャクやコンニャクをもっと活用したい

糸コンニャクはコンニャクを細くしたものですが、昔から整腸効果があるとされ、またミネラルが多いので、妊婦の食によいといわれてきました。見た目も涼やかですから、夏の食卓にもっともっと取り入れたいもの。「インゲンと糸コンニャクの梅あえ」（45頁）などを紹介しました。やわらかく、消化のよいものばかりを食べ、便秘で苦しむ人が増えるばかりの現代のグルメ食に、こんな一品が薬以上の効果をもたらします。

色濃く鮮やかなプチトマト

❶

①菜園にて。今日のおかずをあれこれ考えながらの収穫
②梅干しづくりに活躍する赤ジソ
③早く食べたいなあ、大きくなれと毎日じっと見つめてしまう……
④ご近所からいただいたトマトはキリリと冷やして
⑤丹精込めた自慢のピーマンは、香りが強く、生でもおいしい
⑥夏は、枝豆がなくっちゃ始まらない
⑦毎日採れるから、毎日食べます

夏の献立

冷や奴にミョウガや青ジソ、ショウガをのせて涼やかに。ゴマ油で香ばしく焼いたピーマンがよく合います。白米に麦を混ぜたごはんは少し多めの水加減で。

変わり冷や奴
ピーマンのおかか炒め
麦ごはん
ナスとミョウガの味噌汁
夏野菜の浅漬け

旬の香りが、なによりのご馳走

変わり冷や奴

〈材料〉豆腐1丁、ミョウガ2個、青ジソ5枚、ネギ適宜、ショウガ1かけ、たれ（酢・しょうゆを同量混ぜ、ゴマ油少々を加える）

〈つくり方〉①豆腐は食べやすい大きさに切り、皿に盛る。ミョウガ、青ジソ、ネギ、ショウガはせん切りにし、豆腐に散らす。
②たれをまわしかける。

ピーマンのおかか炒め

〈材料〉ピーマン4個、赤・黄ピーマン各1個、削り節ひとつまみ、ニンニク1かけ、しょうゆ大さじ1/2、酒大さじ1、ゴマ油適宜

〈つくり方〉①ピーマンは細切りにする。ニンニクはみじん切りにする。
②ゴマ油を熱しニンニクを炒め、香りが出てきたらピーマンを炒める。酒としょうゆを入れ、削り節をふって炒め合わせる。

麦ごはん

〈材料〉米2カップ、麦1/4カップ

〈つくり方〉米と麦はといで、米2カップ強の水加減をする。通常の白米と同じように、炊飯器で炊く。

ナスとミョウガの味噌汁

　ナスの味噌汁の色が黒ずむのが気になる場合は、塩をひとつまみ入れた熱湯でサッとゆでこぼしてから、通常と同様につくります。

キュウリは90％以上が水分で、利尿効果に優れる。皮や蔓はむくみを取る煎じ薬に

主菜

キュウリと鶏ささ身のピリ辛あえ

辛味だれをかけた、さっぱりとした一品。
それでいて、けっこうボリュームがあります。

〈材料〉 キュウリ4本、鶏ささ身200g、塩少々、たれ（しょうゆ大さじ2、砂糖・ゴマ油各小さじ1、酢大さじ1、赤唐辛子1本、ニンニクすりおろし少々）

〈つくり方〉 ①キュウリは棒（またはビールビン）でたたき、割れ目を入れて4㎝長さの4つ割りにする。塩をまぶし、しんなりしたら水けを絞る。
②鶏ささ身は蒸して氷水にとり、食べやすい大きさにほぐす。
③たれをつくる。ゴマ油を熱し、種を除いて刻んだ赤唐辛子、ニンニクをさっと炒め、香りがたったら火からおろし、しょうゆ、砂糖、酢を加える。
④皿に盛り、たれをかける。

ナスは低タンパク、低カロリーで、とりわけ身体を冷やす効果が高い。主成分は糖質でビタミンA・B群・Cを少量含む

ナスの酢じょうゆがけ

ピーマンのほか、トマトやゆでたインゲンなどを加えても。

〈材料〉 ナス・ピーマン（緑、赤）各5個、タマネギの薄切り適宜、薄口しょうゆ・酢各大さじ3

〈つくり方〉 ①ナスは縦に4等分し、水に放しアクを取る。水けをきって軽く蒸す（色よく仕上げたいときは素揚げにする）。

②ピーマンは種を取って薄い輪切りに。タマネギは水にさらし、水けを絞る。

③薄口しょうゆと酢を合わせて、皿に盛った①と②にかける。好みで青ジソのせん切りや、根ショウガのすりおろしをかけるとよい。

夏野菜のカレー

夏の定番野菜がたっぷり。
ごはんも多めに炊かないと足りなくなる人気です。

〈材料〉 ナス4個、タマネギ・トマト各1個、ピーマン3個、インゲン50g、ジャガイモ中2個、バター・小麦粉各大さじ2、カレー粉大さじ1、香辛料（あればガラムマサラ、カルダモンなど）少々、スープ（または水）カップ2、牛乳カップ1、塩・こしょう各少々、月桂樹の葉3〜4枚

〈つくり方〉 ①ナスは乱切りにして水に放ち、アクをとる。タマネギは縦半分に割り、薄く切る。ピーマンは種を取り、4つ切りに。トマトは湯むきし、種を取り、乱切りに。インゲンは筋を取って半分に折る。ジャガイモは乱切りにする。

②鍋にバター少々を入れ①のタマネギ以外の材料を炒め合わせ、スープ、月桂樹の葉を入れて煮る。

③別鍋に残りのバターを入れ、弱火でタマネギが色づくまでよく炒める。小麦粉を入れてさらに炒め、牛乳を少しずつ加えて溶きながらのばしていき、ルーをつくる。

④②に③のルーとカレー粉、香辛料を加え、塩、こしょうで味を調え、ひと煮立ちさせる。

ピーマンはレモン並みのビタミンCをもつほか、含まれるビタミンPは血管を丈夫にする

夏野菜の香味焼き

鍋で焼くのが面倒なときは、小麦粉をつけずにオリーブ油をさっと塗って、オーブンでいっぺんに焼いてしまいます。

〈材料〉 ナス4個、カボチャ1/4、ピーマン5個、小麦粉・塩・こしょう各適宜、オリーブ油大さじ3、たれ（ラッキョウ5粒、青ジソ5枚、根ショウガ・ニンニク各1かけ、好みで彩りに赤ピーマン少々、しょうゆ・酢各大さじ2～3）

〈つくり方〉

①ナスはへたを取り、縦半分に。ピーマンは縦2つ割りにし、種を取る。カボチャは1cm厚さのくし形に切る。野菜の両面に塩、こしょうをふり、小麦粉をまぶす。

②鍋にオリーブ油を入れて熱し、弱火から中火で野菜に火が通るまで焼く。

③たれをつくる。材料をみじん切りし、酢としょうゆを加える。焼いた野菜にかける。

冷やし野菜

暑くて食欲がないときに、冷製の煮ものはいかが。

〈材料〉 カボチャ1/4個、ナス2個、高野豆腐（凍み豆腐）2枚、昆布10cm、だし汁1カップ、砂糖・薄口しょうゆ各大さじ2、酒・みりん各大さじ1、塩少々

〈つくり方〉 ①高野豆腐はたっぷりめの湯（50℃目安）に浮かせるように入れ、湯を含んで十分にふくらんだら軽く絞り、食べやすい大きさに切る。昆布は1カップの水につけ（つけ汁はとっておく）、食べやすい大きさに切る。カボチャはくし形に切る。

②ナスはへたを取って縦半分に。格子に切り目を入れて水にさらす。

③鍋に昆布のつけ汁とだし汁、分量の調味料を入れ、①を弱火で煮る。やわらかく煮えたら取り出す。

④残った煮汁でナスをやわらかく煮て、③とともに冷蔵庫で冷やす。

ナスの辛味ひき肉あえ

がぜん食欲が湧いてきます。辛さは好みで調節してください。

〈材料〉 ナス5個、豆腐1丁、鶏ひき肉100g、ニンニク・根ショウガ各1かけ、赤唐辛子2本、たれ（トウバンジャン小さじ1、みそ・酒各大さじ2、砂糖・しょうゆ各大さじ1、スープ2/3カップ）、片栗粉大さじ1、ゴマ油大さじ1、揚げ油適宜

〈つくり方〉 ①豆腐は布に包み水けをきり、一口大に。ナスは縦に4等分し、油で素揚げにする（揚げると色がきれいに仕上がるが、油を控えたい場合は蒸すとよい）。

②ニンニク、根ショウガ、赤唐辛子はみじん切りにする。

③ゴマ油を熱し、②を香りがたつまで炒め、ひき肉、ナスの順に加える。たれを加えて豆腐を崩して混ぜ入れ、倍量の水で溶いた片栗粉を回し入れてひと煮立ちさせる。

インゲンはタンパク質、糖質、ビタミン、ミネラルなど多種類の栄養素がバランスよく含まれている。偏りがちな夏の食卓に多用したい

夏の肉じゃが

インゲンとニンジンで彩りをプラスした、コクのある肉じゃが。しばらく食べないと恋しくなります。

〈材料〉 牛こま切れ肉100g、ジャガイモ4個、ニンジン1本、インゲン50g、タマネギ1個、糸コンニャク1袋、だし汁1カップ、しょうゆ大さじ2〜3、砂糖・酒・みりん・菜種油各大さじ1

〈つくり方〉 ①ジャガイモは一口大の乱切り、ニンジンは少し小さめの乱切り、タマネギは縦に割り薄切りに。糸コンニャクは2㎝長さに切る。インゲンは筋を取って半分に切り、ゆでてざるにとる。

②鍋に菜種油を熱して牛こま切れ肉を炒める。タマネギ、ジャガイモ、ニンジン、糸コンニャクを入れて炒め合わせ、だし汁と調味料を入れて、汁が少なくなるまで煮る。

③仕上げにインゲンを加えて、ひと煮立ちさせる。

カボチャは代表的な緑黄色野菜で、粘膜を強め、免疫力を高める効用で知られる

副菜

カボチャのゴマあえ

黒ゴマを使った濃厚なゴマあえです。白ゴマだと、ややさっぱり味に。

〈材料〉 カボチャ1/4個、ニンジン少々、ゴマだれ（黒すりゴマ大さじ4、砂糖・酒・しょうゆ各大さじ1、塩少々）

〈つくり方〉 ①カボチャは一口大に、ニンジンはせん切りにし、熱湯でゆでる。できるだけ少ない水で蒸し煮のようにゆでると、水っぽくならない。ざるに広げて、冷ます。

②ゴマだれの材料を混ぜて、カボチャ、ニンジンをあえる。

キュウリ、青菜、モヤシの香りあえ

深い味わいの香りだれで味わう。

〈材料〉 キュウリ2本、モヤシ1袋、好みの青菜1束、下味用（モヤシは酢大さじ1と塩少々、青菜はしょうゆ・酒各大さじ1）

〈香りだれ材料〉 長ネギ・根ショウガ・ニンニクのみじん切り各適宜、白切りゴマ大さじ3、ゴマ油・オイスターソース・しょうゆ・酢・酒各大さじ1、砂糖小さじ2、塩少々、トウバンジャン小さじ1

〈つくり方〉 ①キュウリは3cm長さのせん切りにし、塩少々をまぶし水けをきる。モヤシはゆでてざるにとり、布で水けをとり、下味をつける。

②青菜は塩少々を加えた熱湯でゆでて水に放し、水けを絞って1cm幅に切る。布で水けをとり、下味をつける。

③たれの材料を合わせ、野菜にかける。

ナスとインゲンの味噌煮

保存が利いて、朝も夜もごはんがすすむ味噌煮です。

〈**材料**〉ナス4個、インゲン100g、タマネギ小1個、ゴマ油大さじ1、味噌大さじ2～3、酒大さじ2、だし汁1/2カップ、青ジソ30枚

〈**つくり方**〉①ナスは輪切りにし、水に放ってアクをとり、水けをきる。インゲンは筋を取って半分に切り、塩をひとつまみ入れた熱湯でかためにゆでてざるにとる。タマネギはみじんに切る。

②ゴマ油を熱してタマネギが透き通るまで炒め、ナスを入れて炒め合わせる。しんなりしたらインゲンを入れ、酒、だし汁を加えて煮る。

③味噌を溶き入れ、せん切りにした青ジソを加え、ひと煮立ちさせる。

インゲンのショウガ煮

旬のインゲンが、いくらでも食べられるおかずです。

〈**材料**〉インゲン300g、根ショウガ1かけ、ゴマ油小さじ1、だし汁1カップ、砂糖・みりん各大さじ1、しょうゆ大さじ4

〈**つくり方**〉①インゲンはへたと筋を取る。根ショウガはみじん切りにする。

②鍋にゴマ油を熱してインゲンを炒め、ショウガ、だし汁、砂糖、しょうゆ、みりんを加えて煮る。

③中火で汁けがなくなるまで、やわらかく煮詰める。皿に盛り、好みで根ショウガのせん切り少々をのせる。

トマトの酸味は胃液の分泌を促し、タンパク質の消化を助ける。含まれるカリウムはナトリウムを身体の外へ出す働きがあり、高血圧に効果的

トマトとナスのおろしあえ

しょうゆと酢で、さっぱりと仕上げます。

〈**材料**〉ナス4個、トマト2個、ダイコン適宜、薄口しょうゆ・酢各大さじ3、みりん・砂糖各大さじ1、塩小さじ1/2、揚げ油適宜

〈**つくり方**〉①ナスは乱切りにし、素揚げにする（ナスを揚げると時間がたっても色が変わらない利点があるが、カロリーが気になるときには蒸す）。②トマトは熱湯をかけて湯むきにし、へたを取って一口大に切る。③ダイコンはすりおろして調味料を加え、ナスとトマトをあえる。好みでカイワレダイコンを散らす。

オクラとモロヘイヤのネバネバ納豆

3つの「粘り」を組み合わせて。夏バテも飛んでいきます。

〈**材料**〉モロヘイヤ100g、オクラ1袋（5〜6本）、納豆1パック、しょうゆ適宜

〈**つくり方**〉モロヘイヤとオクラはゆでてざるにとり、細かく刻む。納豆も刻む。しょうゆを加えて、よく混ぜる。

ジャコと青ジソ入り納豆

こんなにシンプルなのに、脱帽の即席おかず。

〈**材料**〉ちりめんジャコ30g、青ジソ5枚、納豆1パック、しょうゆ適宜

〈**つくり方**〉青ジソはみじん切りにし、ちりめんジャコと納豆、しょうゆとともに混ぜる。

梅と青ジソのたたき

ごはんのお伴に、キュウリと合わせて酒の肴にと、とにかく大活躍します。

〈**材料**〉梅干し3個、青ジソ5枚、しょうゆ・酒・みりん各小さじ1

〈**つくり方**〉梅干しは種を取り、細かくたたき、調味料を混ぜる。青ジソはみじんに切る。梅とシソを混ぜる。

インゲンと糸コンニャクの梅あえ

鍋ものや煮ものでの利用が多い糸コンニャク。夏のヒンヤリあえものにも向きます。

〈**材料**〉インゲン100g、糸コンニャク半個、梅干し3個、しょうゆ大さじ1、酒大さじ1/2、砂糖・みりん各小さじ1

〈**つくり方**〉①インゲンはへたと筋を取って長いものは半分に折り、ゆでる。

②梅干しは種を取って細かく刻み、しょうゆ、酒、砂糖、みりんを加えてすり混ぜる。

③インゲン、糸コンニャクを②の梅であえる。

「砂払い」の別名がある糸コンニャクは、整腸効果があることで知られる

摘んで野草茶・薬草茶

春になると、庭のあちこちから芽を出す野草や薬草の摘み取りに追われます。夢中になって摘んでは干し、干しては摘んで、繰り返しているうちに季節が移ろい、四季折々のお茶を味わって、日々飽きることがありません。

医者や薬屋がなかった時代にも、私たちの遠い祖先は野草や薬草のエネルギーをもらって健康管理をしていました。野草茶・薬草茶は、作用がやさしいことが特徴で、ジワリジワリと効いてきます。番茶やほうじ茶、玄米茶ともども、楽しみながら飲みつづけてください。私が愛飲するお茶の薬効やつくり方、飲み方をご紹介します。

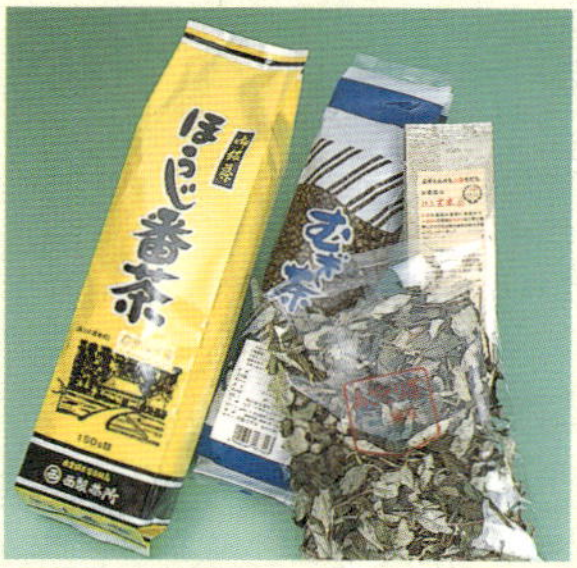

市販の野草茶・薬草茶、番茶や麦茶などについての購入先P118～

柿の葉茶

〈**つくり方**〉葉を2〜3日陰干しにして刻み、蒸し器に入れて強火で2〜3分蒸す。重ならないように広げ、再び陰干しにする。

　乾燥を助けるため、毎日両手でもむようにする。かびやすいので注意。乾燥させたら、缶に入れて保管する。

〈**薬効**〉大量のビタミンCを含み、免疫力を高める（とくに若葉がよい）。高血圧症、動脈硬化症、成人病予防に（6〜9月の葉がよい）。

〈**飲み方**〉5gを急須に入れて熱湯を注ぎ、5〜6分おいて色が出たら飲む。さっぱりした喉《のど》越し。

ヨモギ茶

〈**つくり方**〉育ち盛りの6〜7月、梅雨の晴れ間に40〜50cmほどに育ったヨモギを刈り取り、陰干しする。乾燥した葉は1〜2cmくらいの長さに刻み、缶に入れて保管する。入浴剤にしても香り高い。

〈**薬効**〉身体を温める作用があり、冷えによる腹痛、腰痛、生理不順、痔、吐血などに。食欲増進、胆汁の分泌を促す効果も。生の葉をもんで液汁を傷口につければ、止血効果もある。

〈**飲み方**〉5gを急須に入れて熱湯を注ぎ、5〜6分おいて茶の色がよく出るのを待って飲む。

ミカンの皮茶

〈**つくり方**〉無農薬、ノーワックスのミカンが手に入ったら、ぜひつくりたい。乾燥させた皮は漢方薬でいう陳皮《ちんぴ》で、芳香のある健胃薬になる。入浴剤としても威力を発揮する。

　つくり方は簡単。皮を日干しにして、細かく刻んで保存する。

〈**薬効**〉ミカンの皮は胃の働きを高める健胃薬。吐き気を抑え、咳や痰《たん》をとり、血行よく肌をつややかにする。お風呂に入れて入浴剤として使えば、冷え性に効果的。

〈**飲み方**〉5gを急須に入れ、熱湯を注ぎ、5〜6分おいてから飲む。香り豊かで爽《さわ》やかな味わい。

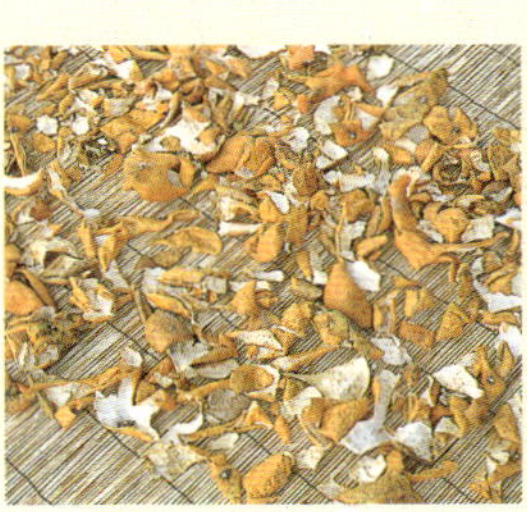

秋は木の実の季節でもある

秋のおかず

命が芽生える食べものを食卓に

秋、野山は命を実らせた木々で輝きを増し、田は黄金色に染まります。やがて迎える寒い季節への、備えの日々。身体も寒さに耐えられるように、豊潤な実りを食卓にのせます。イモ類はそのまま土に入れれば根が出てきて再び収穫ができる、生命を宿した作物で、過不足のない満たされた栄養をもっています。

命を生み出す栄養といえば、木の実もそのひとつ。私の暮らす小さな町に縄文時代の遺跡があって、冬を過ごすために木の実などを貯《たくわ》えていた穴が残っています。そのあまりの大きさに驚きました。私たちのご先祖さまは、木の実をどっさり食べていたのですね。おすすめは、クルミじょうゆのあえもの（61頁）。どんなおひたしにもよく合います。

サツマイモで発がん物質を排出

イモのなかで最も食物繊維が多いのがサツマイモです。ヤラピンという緩下作用がある物質を含んでいるので、腸内のお掃除ができて便秘予防に最適です。この食物繊維がコレ

菊の花は漢方薬にも使われる

ステロールの排出量を増やし、発がん物質の排出まで促すという研究報告があります。ネズミの実験でサツマイモの食物繊維を餌に混ぜておくと、発がん物質のベンツピレンは胃で吸収されずに、排出されました。

長寿村の原動力はサトイモだった

主成分は糖質、タンパク質。他のイモ類に比べると、カリウムが豊富です。ビタミンB群・Cも含まれ、ネバネバのもとのムチンで肝臓、腎臓の働きをよくします。長寿村として有名な山梨県上野原町の棡原《ゆずりはら》地区で、サトイモが主要な食べものであったことでもわかるように、滋養強壮、老化防止効果が知られています。ただし、生で食べると中毒症状を起こすことがありますから避けてください。

薬効あらたかな菊の花とキノコ

黄や赤、薄紫色の菊の花も秋ならでは。菊の花は古くから頭痛、めまい、目の痛みなどの症状に、漢方薬として使われてきました。寒さを迎え撃つ前に、血液循環をよくする働きがある菊を色と香りとともに味わってきた昔人の知恵に、深い摂理を感じます。

そして、秋に欠かせないのがキノコです。わが家のご近所の人たちも、春は山菜、秋はキノコ狩りに奮い立ちます。店先に天然ものも出回るシメジは、腸を整える食物繊維、造血作用があるビタミンB_2や鉄分を含み、低カロリー、高栄養です。旨みが強いことで知られていますが、味のよさはリジン、グルタミン酸などによるものです。一日山中を歩いても小さなキノコひとつ探せなかった私ですが、いつお裾分けをいただいてもいいように、ゴマあえや炒めものなどレシピの準備は万全です。

自生のナメコ

①秋の訪れを告げるコスモス
②丸々としたサトイモ
③庭の木々が色づき、天はどこまでも高い
④秋の味覚を囲炉裏《いろり》で炙《あぶ》る。サンマもエイッと手製の竹串に刺せば、ご覧のとおり
⑤ミョウガの甘酢漬けで旬を保存
⑥自宅の周りもすっかり秋景色。前の田んぼで刈り取られた稲が積み掛けられて、天日のもと輝く
⑦お日さまと風が干し柿をつくる
⑧今年も黄金の実りに感謝
⑨掃いても掃いても落ち葉が舞う秋の日

6

9

7

8

秋の献立

熱々で食べる野菜のうま煮は、たっぷりつくってもみるみるなくなる人気レシピ。旬のキノコの一品を添えて。米、麦、キビ、アワ、ヒエを合わせた雑穀ごはんは、家庭の炊飯器で簡単に炊けます。

秋野菜のうま煮
キノコのおろしあえ
雑穀ごはん
カブとカブの葉の味噌汁
ハクサイと昆布の漬けもの

カブは葉も煮ものに散らしたり、味噌汁や漬けものの具にしたりと利用価値大

秋野菜のうま煮

〈材料〉 カブ（葉も使用）5個、シイタケ5枚、ニンジン小1本、タマネギ1/2個、鶏むね肉100g、だし（だし汁2/3カップ、砂糖小さじ1、しょうゆ大さじ2、塩少々、酒・片栗粉各大さじ1）、ゴマ油大さじ1

〈つくり方〉 ①カブは皮をむき8等分のくし形に、葉はゆでて3cm長さに切る。シイタケは石突きを除き半分か4つに切る。ニンジンは皮をむき乱切りに、タマネギはくし形に、鶏肉は2cm角に切る。

②中華鍋を熱してゴマ油を回し入れ、鶏肉を炒め、色が変わったらニンジンを入れる。火が通ったらカブ、タマネギ、シイタケを加えて炒める。

③だしを加え混ぜ、最後にカブの葉を散らす。

キノコのおろしあえ

〈材料〉 マイタケ・シメジ・ナメコ合わせて100g、ダイコン5cm、しょうゆ・みりん・だし汁各大さじ1

〈つくり方〉 ①マイタケ、シメジは根元を切り、ほぐす。ダイコンはすりおろし、軽く水けを絞る。

②鍋にだし汁・しょうゆ・みりんを煮立て、マイタケ、シメジ、ナメコを入れてさっと煮る。

③すりおろしたダイコンを加え、温まったら火を止める。

ハクサイと昆布の漬けもの

〈材料〉 ハクサイ5枚、ニンジン少々、切り昆布・塩各少々

〈つくり方〉 ハクサイ、ニンジンは細切りにする。塩をふり、切り昆布を混ぜ、軽い重しをして1時間ほど漬ける。

雑穀ごはん （つくり方91頁）

冷めてもおいしいので、軽食やおやつにも

主菜

カボチャのオーブン焼き

カボチャがほっくり仕上がる、手間いらずのオーブン焼き。ごはんとの相性も抜群です。

〈材料〉 カボチャ1/2個、ブロッコリー1個、卵3個、生クリーム1/2カップ、塩・こしょう・ナツメグ各少々、オリーブ油少々

〈つくり方〉 ①カボチャはくし形に切り、固めにゆでて水けをきる。ブロッコリーは小房に分け、ゆでる
②焼き皿にオリーブ油を塗り、カボチャとブロッコリーを並べる。
③卵と生クリームを混ぜ、塩、こしょう、ナツメグで調味し、焼き皿に流し込む。
④オーブンで焼く。目安は200～250℃で15～20分。

オーブンではきれいな焼き色をつけるつもりで

イワシとホウレンソウの重ね焼き

新鮮なイワシが安価なときにつくりたい。ホウレンソウもたっぷり食べられます。

〈材料〉 ホウレンソウ1束、イワシ5尾、塩・こしょう・ニンニク・ナツメグ・タイム各少々、卵1～2個、パン粉・オリーブ油各適宜

〈つくり方〉 ①ホウレンソウは塩少々を入れた熱湯でゆでて水にさらし、水けをきって3㎝長さに切る。塩、こしょうをふり、オリーブ油大さじ1を混ぜる。

②イワシは三枚におろして塩、こしょうをふり、すりおろしたニンニクと香辛料をまぶす。オリーブ油大さじ1を熱し、イワシの両面が色づく程度に焼く。

③卵は溶きほぐし、パン粉と混ぜる。耐熱容器にオリーブ油を塗り、ホウレンソウ、イワシを重ね入れる。パン粉・卵を全面にのせ、180℃のオーブンで軽く焼き色がつくまで焼く。

サトイモとカブのゴマ味噌煮

とろけるようなサトイモとカブの甘さが際立つ、ゴマ入りの味噌煮です。

〈材料〉 サトイモ5個、カブ3個、ニンジン1本、インゲン10本、白すりゴマ大さじ3、味噌適宜、酒大さじ2、砂糖・みりん各大さじ1

〈つくり方〉 ①サトイモ、カブ、ニンジンは皮をむき、食べやすい大きさに切る。

②鍋に①とひたひたの水を入れ、酒、砂糖、みりんを加えて煮る。

③やわらかく煮えたら煮汁をすくい取り、味噌を溶き入れ、ゴマと塩ゆでして半分に切ったインゲンを混ぜて戻す。甘さが生きるように味噌は控えめに調味する。

サツマイモとタラの甘酢炒め

タラとサツマイモの滋味が甘酢で溶け合い、ごはんにかけて食べたくなります。

〈**材料**〉サツマイモ1本、生ダラ3切れ、ピーマン5個、シメジ1パック、片栗粉適宜、ゴマ油大さじ1、だし汁1/2カップ、酢大さじ3、砂糖大さじ2、塩少々、しょうゆ小さじ1、揚げ油適宜

〈**つくり方**〉①ピーマンは乱切りに、シメジは根元を取ってほぐす。②サツマイモは乱切りにし、一口大に切って片栗粉をまぶしたタラとともに油で揚げる（蒸してもよい）。③ゴマ油を熱し、ピーマンとシメジを炒め、②のサツマイモとタラを加える。だし汁、酢、砂糖、塩、しょうゆで調味し、水溶き片栗粉を入れてひと混ぜする。

サンマのポーポー焼き

もともとは漁師料理で、福島県浜通り地方での呼び名。「ポーポー焼き」の由来は、ぽうぽうと湯気があがるから……。

ぜひ、ゴマ油で焼いてみてください。お弁当にも

〈材料〉 サンマ3～5尾（すり身の場合は200g）、ネギ1本、根ショウガ1かけ、味噌・ゴマ油各適宜、片栗粉大さじ1、ダイコン適宜、三杯酢（酢・しょうゆ、みりん各同量）

〈つくり方〉 ①サンマは三枚におろし、身をすり鉢かミキサーですする。ネギのみじん切り、根ショウガのすりおろし、味噌を加え、片栗粉を混ぜて丸める。

②ゴマ油を熱して、こんがりと焼き色をつけて焼く。ダイコンおろしと三杯酢を添える。

チンゲンサイと秋鮭のくずあん煮

くずあん（片栗粉）は滋養があり、身体を温める効果があります。

〈材料〉チンゲンサイ1束、秋鮭3切れ、根ショウガ・ニンニク各1かけ、ネギ1/2本、塩・こしょう各少々、酒・みりん・ゴマ油各大さじ1、片栗粉・しょうゆ・揚げ油各適宜

〈つくり方〉①秋鮭は一口大に切って塩、こしょうをし、片栗粉をまぶして油で揚げる（揚げると煮崩れしないので仕上がりがきれい。カロリーを抑えたいときには、片栗粉をまぶして蒸すとよい）。

②ゴマ油を熱し、みじんに切った根ショウガ・ニンニク・ネギを炒める。４cm長さに切ったチンゲンサイを加え、さっと炒める。

③秋鮭を入れ、塩、酒、しょうゆ、みりんで調味し、同量の水で溶いた片栗粉を加えひと煮立ちさせる。

副菜

おから煮

豆を入れた実だくさんのおから煮です。芽ヒジキ(若ヒジキ)はすぐやわらかくなります。

〈**材料**〉おから150g、芽ヒジキ（乾燥）10g、大豆（水煮）50g、油揚げ1枚、ニンジン1/2本、シイタケ3枚、ネギ適宜、ゴマ油・酒各大さじ2、砂糖・しょうゆ・だし汁各適宜

〈**つくり方**〉①ニンジン、シイタケは細切りに。ヒジキは水につけてもどし、水けをきる。油揚げは熱湯をかけて油抜きし、細く切る。②ゴマ油を熱しておからを炒め、①と大豆を加える。だし汁をひたひたになるまで入れ、砂糖、しょうゆ、酒で調味し、やわらかく煮る。③刻んだネギを散らす。

青菜のクルミあえ

クルミじょうゆは
コクのある味わいで、
おひたしを引き立てます。

クルミは吸収率のよい脂質、ビタミンE、鉄などの微量栄養素を含む

〈材料〉 青菜（小松菜またはホウレンソウ）1束、クルミ（実）50g、砂糖・みりん各大さじ1、しょうゆ・塩各適宜

〈つくり方〉 ①青菜は塩少々を入れた熱湯でゆでて冷水にとり、水けを絞り3cm長さに切る。
②クルミはさっと空炒りし、すりつぶして砂糖、みりん、しょうゆ、塩で調味し、①をあえる。

カブと柿の即席漬け

カブと柿の色彩の妙が鮮やかな、
とろりとした風合いと
サクサクした歯ごたえのある一品。

「柿が赤くなると医者が青くなる」といわれるほどの薬効をもつ柿。干し柿にするとビタミンAが３倍に

〈材料〉 カブ1束、干し柿2～3個

〈つくり方〉 ①カブは薄くいちょう切りにし、柿は食べやすい大きさに切る。
②カブに塩をひとつまみまぶして軽くもみ、しんなりしたら水けを絞り、柿を加えて味をなじませる。

秋はキノコの季節。シイタケ、ヒラタケ（シメジ）、本シメジ、マイタケ

カキとシメジの炒めもの

海のミルク・カキは
ミネラルや必須アミノ酸が豊富で
貧血やコレステロールが高い人に
とくにおすすめ。
旬のシメジと合わせて。

〈材料〉 カキ100g、シメジ1パック、ニラ1束、ニンニク・根ショウガ各1かけ、赤唐辛子1本、酒・しょうゆ・砂糖・ゴマ油・片栗粉各適宜、塩・こしょう各少々

〈つくり方〉 ①カキは塩水で洗って水けをきり、酒・しょうゆ各大さじ1/2をふりかけて片栗粉をまぶす。シメジは根元を切り、ほぐす。ニラは4㎝長さに切る。

②ゴマ油を熱し、カキの両面を焼いて取り出す。そこへ根ショウガ、ニンニクのみじん切りと赤唐辛子の小口切りを入れて炒め、シメジを加える。

③塩、こしょうをし、酒・砂糖・しょうゆ各大さじ1で調味し、ニラと②のカキを加えて炒め合わせる。

シメジとジャガイモの炒め合わせ

さっと炒めるだけで秋が香り立つおかず。

〈材料〉 シメジ1パック、ジャガイモ2個、塩・こしょう・酒・オリーブ油・アサツキ各適宜

〈つくり方〉 ①シメジは根元を切り落とし、ほぐす。ジャガイモは皮をむき、1cm角のサイコロ状に切る。 ②オリーブ油を熱して①を炒め、塩、こしょう、酒で調味し、弱火で好みのかたさに炒め合わせる。 ③仕上げにアサツキのみじん切りを散らす。

キノコのゴマあえ

秋をしみじみ感じる、キノコ尽くしの素朴なおかず。

〈材料〉 エノキダケ・シメジ・マイタケなど合わせて250g、ニンジン少々、白すりゴマ50g、砂糖大さじ2、味噌大さじ1〜2

〈つくり方〉 ①キノコは根元を切り、食べやすい大きさにほぐし、ニンジンはせん切りにして、塩少々を入れた熱湯でさっとゆでてざるにとる。 ②白ゴマに、砂糖、味噌を加えて混ぜ、キノコ、ニンジンをあえる。

サツマイモとリンゴの甘煮

リンゴの酸味と甘みを生かして、砂糖を減らしてつくります。

〈材料〉 リンゴ2個、サツマイモ大1本、砂糖・シナモン各適宜

〈つくり方〉 ①リンゴは皮をむいて4つ割りにし、芯を取る。サツマイモは1㎝幅の輪切りにし、水に放してからざるにあげ、水けをきる。

②リンゴと水少量をミキサーにかけて（リンゴを薄いいちょう切りにして煮てもよい）鍋に入れ、サツマイモも加えて加熱し、沸騰したら焦がさないように弱火でやわらかく煮る。砂糖で好みの甘さにし、シナモンをふり混ぜる。

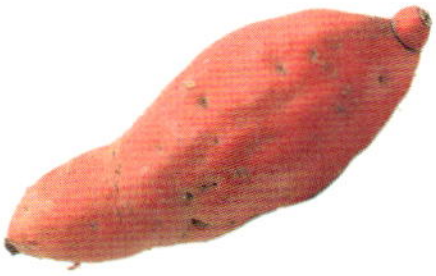

ビタミンCの含有量が多く加熱による損失も少ないので、効率よく摂取できる

サツマイモと切り昆布の炒め煮

昆布を合わせて、しっかり味を煮含めます。

〈材料〉 サツマイモ1本、切り昆布50g、ゴマ油・酒・みりん各大さじ1、砂糖・しょうゆ各大さじ2、だし汁適宜

〈つくり方〉 ①切り昆布は水に浸してもどす。サツマイモは食べやすい大きさに切り、水に放し、それぞれざるにあげて水けをきる。

②ゴマ油を熱して切り昆布を炒める。サツマイモを入れ、だし汁、砂糖、酒を加えて煮る。

③イモがやわらかくなったら、みりんとしょうゆで味を調える。

菊の花と小松菜のおひたし

冬の寒さを迎える前に、
薬効あらたかで色鮮やかな菊を食卓に。

〈材料〉 菊の花100g、小松菜1束、薄口しょうゆ大さじ1～2、酒大さじ1、だし汁適宜

〈つくり方〉 ①菊の花は花びらを摘みガクを除き、塩少々を入れた熱湯でさっとゆでる。ざるにとり、布に包んで水けをとり、塩少々をふる。

②小松菜は塩少々を入れた熱湯でゆでて冷水にとり、水けを絞り、3cm長さに切る。しょうゆと酒で下味をつける。

③菊の花と小松菜を合わせ、しょうゆとだし汁をかける。

菊の花は「目に効く漢方薬」。頭痛、めまい、目の痛みなどの効用で知られる

菊の花の酢のもの

酢をたらすことでひときわ冴えた赤色になり、
また色止め効果もあります。

〈材料〉 菊の花100g、干しワカメ20g、ちりめんジャコ大さじ2、甘酢（酢大さじ2、砂糖大さじ1）

〈つくり方〉 ①菊の花は花びらを摘みガクを除き、酢少々（分量外）をたらした熱湯でさっとゆでる。ざるにとり、布に包んで水けをとる。

②干しワカメは水でもどし、熱湯をくぐらせて冷水にとり、細かく切って軽く水けをとる。

③菊の花、ワカメ、ジャコを混ぜ、甘酢をかけてあえる。

力強い冬のネギ

冬のおかず

寒さが野菜を甘〜くする

逆境で人間が鍛えられるように、寒さにあたった野菜たちはグーッと甘みを増していきます。とりわけダイコン、レンコン、ゴボウ、ニンジンなどの根菜やハクサイ、ネギといった葉菜の滋味は格別です。こんな冬野菜を大鍋で、やわらかく煮たり蒸したりして熱々を食べてください。それだけで、たいへんなご馳走です。

ダイコンは皮も葉も捨てられない

最近では一年中栽培されていますが、なんといっても生で食べられるほどの甘さや、たっぷりの水けなど、格段においしいのは冬のダイコン。

含有量の多い消化酵素のジアスターゼは胃酸過多や二日酔いにも効果あり。ビタミンCは中心部より皮に二倍も多く含まれているので、できるだけ皮ごと調理するとお得です。葉にはビタミンA・B群・Cや、カルシウム、鉄などのミネラル類が豊富なので、積極的に食べたいものです。また、干した葉は身体を温める作用があるので冷え性、腰痛、肩凝

泥つきのゴボウたち

りに、入浴剤として使うとよいでしょう。

ハクサイは身体を温め、風邪を予防する

冬を代表する野菜でビタミンCが豊富。煮たり炒めたりして、量をたっぷり摂ることができます。カルシウムや食物繊維も多く、ミネラル類は漬けものにすると効率よく摂取できます。身体を温める野菜として昔から風邪予防効果が知られ、便秘、大腸がん予防にも。

カブで美肌に。腹痛や咳止めにも

秋から冬が旬。江戸時代には飢饉《ききん》に備えて全国で栽培され、八十種類以上の品種があります。ビタミンC、消化酵素として有名なジアスターゼが豊富です。葉は春の七草のスズナのことで、ビタミンA・B群・Cやカルシウム、鉄などを含み、栄養が調理によってさほど減りません。辛みが少なく、生のままジュースにしてもおいしく飲めるほどです。

昔からカブは胃腸によいとされ、美しい肌をつくります。冷えからくる腹痛をやわらげる働きがあり、さらに咳止め、口の渇きや声嗄《が》れなどへの効用も知られています。

ネギは「毒を殺す」天然の殺菌力をもつ

「いっさいの魚肉の毒を殺す」といわれるネギですが、生臭さを消すばかりか腐りにくくする最高の天然の殺菌保存料です。白い部分は発汗、解熱、消炎効果が知られています。

また、青い部分はビタミンC、食物繊維、カルシウム、カリウムが豊富です。ネギ独特の臭いは硫化アリルの一種、アイリンと呼ばれる物質のためで、ビタミンの吸収を高める作用があり、身体を温め神経を静めます。

①寒いと料理の温かさが、よりいっそう五臓六腑にしみわたります。というわけで、冬によくつくる鍋料理。わが家では、必ず短冊に切ったダイコン、ニンジンを先に入れてやわらかく煮て、そこにハクサイ、ネギ、青菜、豆腐などを加えて煮ながら食べます。冬ならではのおいしさです。後でお餅を入れてお雑煮にするので、とろけるほどやわらかく煮えたダイコンとニンジンや鍋の具が、ちょうどよいぐあいなのです

②④焼きおにぎりや豆料理も冬にはしょっちゅうつくります

③冬の室内にリンゴの紅色が映えて

⑤⑥囲炉裏でくべる薪《まき》や竹をどっさり積んで

「寒いでしょう」と同情される古民家暮らしですが、わが家では誰も風邪をひきません

⑦囲炉裏の火がわが家の中心。家族が集まる空間

冬の献立

寒ブリと炊き合わせた
飴色に輝くダイコンのおいしさが、
冬の到来を告げます。
ゴボウとニンジンのキンピラを添えて、
定番の根菜をたっぷりと
摂るためのメニュー。

ダイコンとブリの煮もの
キンピラゴボウ
玄米と豆のごはん
ハクサイと油揚げの味噌汁
野菜の味噌漬け

根菜は体内にたまったカスを外に出し、血行をよくし、代謝を活発にする

玄米を食べるなら手軽な玄米がゆもおすすめ。普通の鍋で10〜15分で炊きあがる（P85）

ダイコンとブリの煮もの

〈材料〉ブリの身とブリのカマ半身分、ダイコン1/2本、塩適宜、煮汁（水・酒各2/3カップ、砂糖・しょうゆ各大さじ2）、根ショウガ1かけ

〈つくり方〉①ブリの身とカマ部分は食べやすい大きさに切り、塩をふり熱湯に通してから冷水にとり、流水でよく洗う。ダイコンは皮をむき、1.5cm厚さの輪切りにする。根ショウガは薄く切る。
②煮汁を煮立て、ブリとダイコン、根ショウガを入れて落としぶたをして煮る。コトコトと弱火で煮込み、煮汁がなくなってきたら鍋をゆすりながら味をなじませる。
③好みで水に放してパリッとさせたせん切りネギを飾る。

キンピラゴボウ

〈材料〉ゴボウ1本、ニンジン小1本、ゴマ油・しょうゆ各大さじ1、だし汁・酒各大さじ2、砂糖大さじ1、白ゴマ・赤唐辛子各適宜

〈つくり方〉①ゴボウは細い拍子木切りにし、水に放してアク抜きをし、ざるにあげて水けをきる。ニンジンも細い拍子木切りにする。
②ゴマ油を熱して赤唐辛子を加え、ゴボウとニンジンを炒める。だし汁、酒、しょうゆ、砂糖で調味し、ゴボウの歯ざわりが残るまで炒め煮にする。汁けがなくなってきたら仕上げに白ゴマをふる。

玄米と豆のごはん

〈材料〉玄米2カップ、豆（小豆、黒豆、大豆、金時豆など好みで）1/2カップ、塩少々

〈つくり方〉①玄米と豆はさっと洗い、一晩水に浸す。
②圧力鍋に入れて水加減（480cc 米分量の2割増しが目安）をし、塩を加えて炊く。強火で加熱し、シュンシュンとノズルが動いてきたら弱火で20〜25分加熱し、火を止めて10分ほど蒸らす。

主菜

レンコンと白身魚の炒め合わせ

淡泊なレンコンが、豊潤な旨みを醸し出す炒めものです。

〈材料〉 レンコン1本（約300g）、ニンジン1/2本、白身魚2切れ、生シイタケ5枚、根ショウガ1かけ、ネギ1本、酒大さじ2、片栗粉・塩・こしょう、ゴマ油大さじ2〜3

〈つくり方〉 ①レンコンは皮をむき、2〜3㎜厚さの半月切りにする。水に放してアクを抜き、ざるにあげて水けをきる。生シイタケは石突きを取り、2〜4つ割りにする。ネギは斜め切りに、根ショウガはみじんに切る。

②白身魚は一口大に切り、塩、こしょうをする。片栗粉をまぶし、ゴマ油約大さじ2で両面を色よく炒めて取り出す。

③ゴマ油少々を熱してショウガを炒め、レンコン、シイタケを加える。酒をふりかけ、塩、こしょうで調味し、②とネギを加え、さらに炒め合わせる。

ヤマイモの落とし揚げ

すりおろしたヤマイモの、ふうわりと優しいやわらかさ。納豆と薬味入り。

〈材料〉ヤマイモ200g、ネギ1/2本、納豆1パック、根ショウガ1かけ、片栗粉大さじ2、塩少々、揚げ油適宜

〈つくり方〉①ヤマイモは皮をむき、すりおろす。ネギ、納豆、根ショウガはみじん切りにする。

②①と片栗粉を混ぜ合わせ、塩で調味する。

③揚げ油を熱し、②をスプーンですくって落とし、色よく揚げる。好みでダイコンおろしを添える。

食べると精がつくことから「山のウナギ」とも言われるヤマイモは、ジアスターゼが豊富で消化がよい

根菜と豆腐の煮もの

煮ものは、大きな鍋で多めにつくります。

〈**材料**〉豆腐1丁、こんにゃく1枚、ニンジン・ゴボウ各1本、サトイモ3個、シメジ1パック、合わせだし（だし汁1カップ、砂糖・しょうゆ各大さじ2、みりん・ウスターソース各大さじ1）

〈**つくり方**〉①豆腐は布に包み水をきり、食べやすい大きさに切る。

②こんにゃくは熱湯をかけ、厚さ5㎜の一口大の三角形に切る。サトイモは皮をむき一口大に、ニンジンは斜め切りにする。ゴボウは太めのささがきにし、水に放してアク抜きをする。シメジは根元を切り落とし、ほぐす。

③鍋に合わせだしと②の材料を入れて火にかけ、煮立ったら弱火で、根菜がやわらかくなるまで煮る。豆腐を入れ、煮含める。

カブとがんもどきの煮もの

カブのやわらかさ、甘さが際立ちます。葉もむだなく食べられます。

〈**材料**〉カブ1束、がんもどき2枚、煮汁（だし汁2カップ、酒・砂糖各大さじ1、しょうゆ大さじ2、塩少々）

〈**つくり方**〉①カブは根元から5cmくらい残して葉を切り落とし、皮をむき、2つ割り（大きいものは4つ割り）にする。カブの葉は塩ひとつまみを入れた熱湯でさっとゆでて水にさらし、水けを絞り、3cm長さに切る。

②がんもどきは熱湯をくぐらせて油抜きをし、4つに切る。

③鍋に煮汁とカブ、がんもどきを入れて煮立て、弱火で味を含ませる。仕上げにカブの葉を加え、ひと煮立ちさせる。

とろみだれ（しょうゆ・みりん各大さじ1、だし汁大さじ3、水溶き片栗粉少々）や酢じょうゆ（酢としょうゆを同量）をかけ、練り辛子を添えて食べる

ハクサイの重ね蒸し

冬が旬のハクサイを、主役に据えた重ね蒸しです。

〈材料〉 ハクサイ5枚、シイタケ2枚、鶏ひき肉100g、ニンジン1/2本、ニラ・ネギ各1/2束、根ショウガ1かけ、しょうゆ・酒・片栗粉各大さじ1

〈つくり方〉 ①シイタケ、ニンジン、ニラ、ネギ、根ショウガはみじん切りにし、鶏ひき肉と合わせ、酒、しょうゆ、片栗粉を加えて、よく混ぜる。

②ハクサイは、それぞれ1枚を横半分に切り、塩をひとつまみ入れた熱湯でさっとゆで、ざるにあげて水けをきる。型にゴマ油を塗り、ハクサイを半量敷き、①をまんべんなく置き、またハクサイをのせる。

③湯気のあがった蒸し器で蒸し、型から出して切り分ける。

④好みでカイワレダイコンを敷き、盛りつける。

冷めてもおいしいので、お弁当にも向く

ダイコンとニンジンのロールキャベツ

鶏肉と野菜を薄味で炊いて、味を煮含ませます。

〈材料〉ダイコン約1/3本、ニンジン大1本、鶏ひき肉200g、キャベツ8枚、塩少々、片栗粉大さじ1、スープ（または水）適宜、砂糖・しょうゆ・みりん各大さじ1

〈つくり方〉①ダイコンとニンジンは皮をむき、6～7cm長さ（キャベツで包める長さ）、1cm角の拍子木切りにする。キャベツは芯のところをそいで平らにし、塩を入れた熱湯で少しかためにゆでて水けをきる。

②鶏ひき肉に塩と片栗粉を混ぜ込む。キャベツにダイコンとニンジンを1～2本ずつのせ、ひき肉をのせてロールキャベツのように包み、巻き終わりを楊枝で留める（かんぴょうの使い方は82頁）。

③鍋に②を置き、ひたひたにスープを入れ、しょうゆ、砂糖、みりんを加えやわらかくなるまで煮る。

副菜

レンコンとメカブのサラダ

ゴマドレッシングの風味が包み込む、根菜と海藻が絶妙のバランス。

〈材料〉 レンコン100g、メカブ（またはワカメ）50g、カイワレダイコン適宜、ゴマドレッシング（白すりゴマ大さじ5、ゴマ油・酢・しょうゆ各大さじ2、マヨネーズ大さじ3、塩・こしょう各少々）

〈つくり方〉 ①レンコンは皮をむき薄く輪切りにする。水に放してアク抜きをし、ざるにあげて水けをきり、さっとゆでる。メカブは薄い塩水で洗ってざるにあげ、水けをとって刻む。

②レンコン、メカブを盛り、ゴマドレッシングをかけてカイワレダイコンを飾る。

ハクサイとワカメの煮浸し

飽きのこない、ヘルシーで滋味深い一品に。

〈材料〉 ハクサイ6枚、塩蔵ワカメ30g、笹かまぼこ4枚、だし汁1/2カップ、酒大さじ1、しょうゆ大さじ1〜2、砂糖小さじ1、ユズの皮少々

〈つくり方〉 ①ハクサイはざく切りにし、笹かまぼこは一口大に切る。ワカメは塩けを洗い流し、水につけてもどし2㎝長さに切る。②だし汁に酒、しょうゆ、砂糖を入れ、ハクサイ、ワカメ、笹かまぼこを加えて煮る。煮えたらせん切りのユズの皮を散らす。

ニンジンとレンコンの土佐煮

根菜と相性のよい削り節としょうゆで、さらに旨みが倍加します。

〈材料〉 ニンジン1本、レンコン1節（約250g）、削り節5g目安、だし汁適宜、酒・しょうゆ各大さじ2、砂糖・みりん各大さじ1、塩少々、ゴマ油適宜

〈つくり方〉 ①ニンジン、レンコンは皮をむいて乱切りにする。レンコンは水に放してアク抜きをし、水けをきる。

②ゴマ油を熱し、ニンジン、レンコンをさっと炒める。ひたひたになるようだし汁を入れ、酒、砂糖を加える。煮立ったらしょうゆ、塩、削り節を加え、落としぶたをして弱火でやわらかくなるまで煮る。

③みりんを加え強火でひと煮立ちさせる。

レンコンの梅肉あえ

梅肉であえただけの、シンプルさが魅力。

〈材料〉 レンコン、梅肉（梅肉2個分、みりん大さじ1）

〈つくり方〉 ①レンコンは皮をむき、薄く輪切りにする。水に放してアク抜きをし、ざるにあげて水けをきる。塩を入れた熱湯で、しゃきっとした歯ごたえを残す程度にゆでる。

②梅肉は種を取って包丁でたたき、みりんでのばして、レンコンをあえる。

歯ごたえも味のうち。
粘り成分は納豆と同じ

切り干しダイコンの煮もの

天日で干すことにより、栄養分もアップ。乾物をもっと活用したい。

〈**材料**〉切り干しダイコン50g、ニンジン1本、シイタケ5枚、油揚げ2枚、だし汁1カップ、砂糖・しょうゆ各大さじ2

〈**つくり方**〉①切り干しダイコンは水につけてもどし、水けを絞る。ニンジンは薄い細切り、シイタケは石突きを除き、細切りにする。②油揚げは熱湯をかけて油抜きをし、縦半分に切って短冊に刻む。③鍋に①②の材料とだし汁を入れて煮立て、砂糖、しょうゆで調味する。弱火で味を含ませる。

ダイコンを天日乾燥したのが切り干しダイコンで、カルシウム、鉄、ビタミンB_1、B_2、C、ナイアシンなどがダイコンと比較して10倍以上ある。その煎じた汁は血管を強くする働きがあるとされ、脳卒中の麻痺症状緩和のために用いるほど

かんぴょうがなければ、楊枝で留めるだけでもよい

ダイコンの油揚げ巻き煮

油揚げで巻くだけなのに、味がよくしみます。煮汁もいっしょに盛ってください。

〈材料〉 ダイコン適宜、油揚げ4枚、かんぴょう適宜、だし汁1カップ、しょうゆ・砂糖・みりん各大さじ1

〈つくり方〉 ①油揚げは熱湯をかけて油抜きをし、長い辺を1つ残して三方を切り開いて1枚にする。ダイコンは皮をむき、油揚げの長いほうに合わせた長さの、1cm角の棒状に切る。かんぴょうは水洗いして塩少々でもみ、新しい水で洗う。

②油揚げの裏面にダイコンをのせ、端からクルクルと包み、4か所をかんぴょうでしばって留める。

③鍋にだし汁と②を入れ、調味料を加えて煮て、味を含くませる。

ニンジンとスルメのしょうゆ漬け

ビタミンAの宝庫であるニンジンは、緑黄色野菜の王様です。イカと昆布の旨みをプラスして、たれに漬け込むだけの簡単さ。

〈**材料**〉ニンジン2本、スルメ1枚、細切り昆布少々、たれ（しょうゆ・みりん各1/2カップ、酒適宜、好みで砂糖少々）

〈**つくり方**〉①スルメは3㎝長さに細く切り一晩酒につける。ニンジンは3㎝長さの細い棒状に切る。②スルメとニンジン、細切り昆布をたれに漬ける。味がなじんだら食べごろ。

たたきゴボウ

短時間でやわらかく煮え、味がしみ込むゴボウのおかず。ゴマ油の香りが決め手です。

〈**材料**〉ゴボウ1本、だし汁適宜、砂糖小さじ1、しょうゆ大さじ1～2、酒大さじ2、ゴマ油小さじ2、赤唐辛子・白ゴマ各少々

〈**つくり方**〉①ゴボウは皮をこそげとり、めん棒でたたいてひびを入れ、3㎝長さに切る。太いものは2つから4つに割る。水に放してアク抜きをし、ざるにあげて水けをきる。②ゴマ油を熱してゴボウを炒め、だし汁をひたひたに入れ、砂糖、しょうゆ、酒、赤唐辛子の小口切りを加える。煮汁がほとんどなくなるまで煮て、白ゴマをふる。

ごはん

玄米食がつづかないという方も「おかゆ」なら大丈夫

普通の鍋で一〇分～一五分で炊きあがる玄米がゆ

玄米食を始めてみたが、なかなかつづかなくて……とおっしゃる方にぜひおすすめしたいのが、玄米がゆ（左頁）です。「普通のお鍋で、一〇～一五分で炊けて、しかもおいしい」からです。つくり方も、とても簡単です。

噛めない現代人に「おかゆ」のススメ

穀物は、口の中でよく噛んで、アミラーゼという消化酵素とよくよく混ざることで、身体に負担がないように消化されます。ところが現代は、噛む必要のないほどやわらかな食べものがあふれているせいで、噛めない子供たちが急増しています。大人だって、どの程度噛んでいるか怪しいものです。よく噛まずに玄米を食べても、効果はあまり期待できま

主食であるごはんをパワーアップさせるのが、健康への早道

せん。玄米こそ、よく噛まなければ消化できないからです。そんなちょっと軟弱な現代人にとって、おかゆは最も身体にやさしいお米の食べ方。わが家では家族の者が便秘のとき、疲れたり胃弱のとき、風邪気味のとき……など、玄米がゆはもちろんのこと、いろいろなおかゆ（86頁～）をつくります。

玄米がゆ

玄米をミキサーなどで粉にするのがポイント。簡単に炊けて抜群の滋養。快便効果は目を見張るほどです。

〈材料〉 玄米1/2カップ、水3カップ、塩少々

〈つくり方〉 ①玄米は、粒が残る程度の粗びきにする（電動ミルやゴマすり器などを利用して、好みで5～10秒を目安に。またはミキサーに水とともに入れて、約10秒間ミキシングする）。

②厚手の鍋に水を入れ、塩と粉状になった玄米を加えて中火にかけ、かきまわしながら煮る。フツフツしてきたら弱火にし、芯が残らないように10～15分ほど煮る。

とろろがゆ

とろろ効果で身体の内側から力が湧いてくる、そんなかゆです。

〈材料〉 米1/2カップ、ニラ1/2束、ヤマイモ150g、焼きノリ少々、水3～4カップ

〈つくり方〉 ①米はといでざるにあげる。ニラは細かく刻む。ヤマイモは皮をむいて酢水につけ、すりおろす。
②米と水を鍋に入れて火にかけ、煮立ったらふたをして弱火で25分炊き、ニラを入れてかき混ぜる。
③かゆを盛り、ヤマイモとニラ、もんだ焼きノリをのせる。

麦がゆ

食物繊維が豊富で食べ過ぎ、肥満防止に適した麦のおかゆ。

〈材料〉 米1/2カップ、麦1/4カップ、塩適宜、水3～4カップ、好みで佃煮や梅干し適宜

〈つくり方〉 ①米と麦はといでざるにあげる。
②米、麦、塩、水を鍋に入れて火にかけ、煮立ったらふたをずらして弱火で25分炊く。
③好みで、佃煮や梅干しなどをのせる。

ニラがゆ

ニラは消化を助け、胃腸を整え、身体を温めます。寒い季節にはとくにおすすめ。好みで丸ごと焼いたニンニクをつけ合わせます。

〈材料〉 ニラ1束、五分づき米（または白米）1/2カップ、水3～4カップ、塩少々、ニンニク適宜

〈つくり方〉 ①米は洗ってざるにあげて水けをきる。②鍋に米と水、塩を入れて火にかけ、煮立ったらふたをして弱火で30分炊く。1cm長さに刻んだニラを入れてかき混ぜる。③碗に盛り、こんがり丸のまま焼いたニンニクをのせる。

ネギ味噌がゆ

食欲のないとき、風邪のひき始めに、ぜひお試しあれ。

〈材料〉 五分づき米（または白米）1/2カップ、水3～4カップ、ネギ味噌（ネギのみじん切り1/2本分、味噌少々）、塩・根ショウガ各少々

〈つくり方〉 ①米は洗ってざるにあげて水けをきる。鍋に米と水、塩を入れて火にかけ、煮立ったらふたをして弱火で30分炊く。②碗に盛り、ネギ味噌をのせ、根ショウガのすりおろしをのせる。

五分づき米、三分づき米、胚芽米をふんだんに

ヌカつき米はがんと闘う栄養の宝庫

穀物は大昔から主食、食事の中心で、活動のエネルギー源となってきました。主食であるごはんをパワーアップさせるのが、健康への早道。一日に食べられる量は限られていますから、毎食のごはんを大切にしたいものです。それには、まず白米信仰を捨てること。健康を考えると、主食の米をできるだけヌカ部分が多い状態で食べるのが断然お得、有利なのです。玄米（籾《もみ》から籾殻を除いただけのもの）のすばらしさは言うまでもありませんが、手軽に炊けて食べやすいという点から、私は、五分づき米（精白によってヌカ層と胚芽の部分を五〇％取り除いたもの）、三分づき米（同様に三〇％取り除いたもの）といった、分づき米や胚芽米をおすすめします。

「ガン予防の特効薬」とまで言われ、最近注目を浴びている食物繊維、ビタミン類、ミネラル類。これらが豊富に含まれているのは穀物のヌカ、胚芽部分です。白米はおいしくても、がんと闘う栄養成分は玄米や分づき米よりずっと少ないのです。白米で炊いたごはんと玄米ごはんを比較すると、白米は食物繊維で四分の一、ビタミンB_1・ナイアシンで五分の一、ビタミンB_2やカルシウムは二分の一です。

分づき米、胚芽米は普通の炊飯器で普通に炊ける

五分づき米などの分づき米や胚芽米は、玄米と違って普通の炊飯器で、普通に手軽に炊けるのが魅力です。お米屋さんで「五分づきに」「三分づきに」などと頼んで精米しても

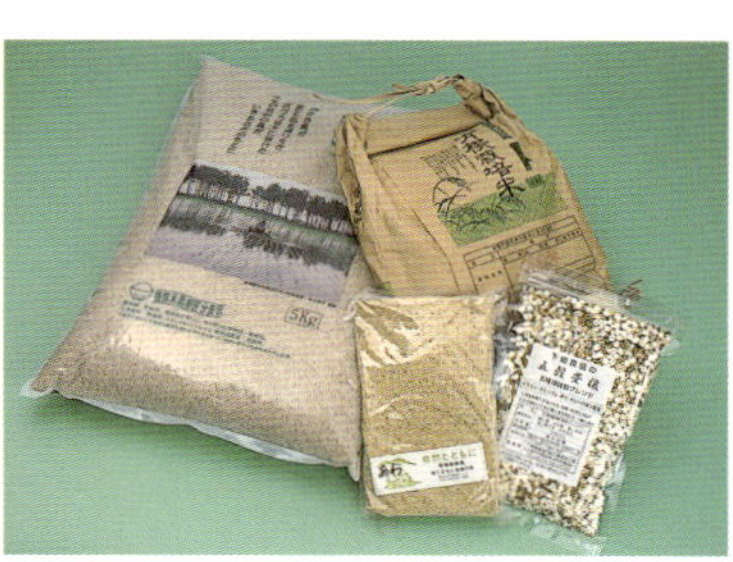

（写真上）五分づき米。炊飯器で普通に炊けて、しかもビタミン、ミネラル類が豊富
（左）有機米や雑穀の入手先はP118～

らって購入しましょう。家庭用精米器も一台二万円くらいから販売されていますので、分づき米食を長くつづけようと決心されたら一考をおすすめします。

ダイオキシンや農薬を「外に出す働き」

お米に関して「玄米や分づき米は身体にいいと聞きますが、ヌカ部分の農薬の心配はありませんか」という質問をしばしばいただきます。実はヌカには、農薬を身体の外に出す働きがあります。それどころか森田邦正氏の厚生省・全国油症治療研究班会議で発表されたデータによれば、ダイオキシン類を吸着させ身体の外に排除する働きがもっとも優れているのが、ヌカなのです。ヌカの吸着率は八七％、ソバが七二％、ホウレンソウ七二％、ついでダイコン葉七〇％、アワ六七％です。もちろん有機米を手に入れるのが最も安全で、それにこしたことはないのですが、農薬の心配より玄米を食べることのメリットのほうが大きいと思います。

先にご紹介した玄米がゆや分づき米ごはんのほかに、玄米ごはんも試してみたいという方のために、圧力鍋の場合と炊飯器の場合の簡単な炊き方をご紹介しておきます。

（写真上）玄米ごはんの炊き方は下段
（写真下）玄米と豆のごはんの炊き方はP70

玄米ごはんの炊き方

〈材料〉 米2カップ

圧力鍋で炊く場合

〈つくり方〉 ①玄米はさっと洗い、一晩水に浸す。

②圧力鍋に入れて水加減をし（米の2割増し。2カップなら水は480cc）炊く。強火で加熱し、シュンシュンとノズルが動いてきたら弱火で20〜25分加熱し、火を止めて10分ほど蒸らす。

玄米用の炊飯器で炊く場合

〈つくり方〉 ①玄米はさっと洗い、一晩水に浸す。

②炊飯器に入れ、玄米用の目盛りの水加減をして炊く。

普通の炊飯器で炊く場合

〈つくり方〉 ①玄米はミキサーに入れ、5〜10秒間ミキシングする。それを炊飯器に入れ、通常の水加減で炊く。やわらかめのごはんになる。

生命力に満ちた雑穀ごはんのおいしさ

雑穀を変わりごはん感覚で楽しんで炊き込む

私の名は「米子」。よくぞ名づけてくれたと親には感謝しています。伯母の名は「粟《あわ》子」。親戚には「麦《むぎ》子」さんもいました。どちらかといえばアワは米よりも軽んじられ、米の代用品のイメージが強かったせいでしょうか、自尊心の強かった「粟子」伯母は、自分の名があまり好きではなかったようです。

しかし、アワ、キビ、ヒエ、麦などの雑穀はミネラル分やカルシウム、鉄、ビタミンB群、食物繊維の宝庫で、玄米と遜色のない優れた食品です。ハト麦は滋養強壮、利尿、関節痛の漢方薬「ヨクイニン」として使われていますが、お肌によく効くことでも知られています。イボまで取れるほどの効用です。古代米の赤米、黒米も健胃、造血効果などが注目を浴びています。雑穀は米に入れて食べるのが効果的で手軽です。通常の炊飯器で炊くことができるので、変わりごはん感覚で楽しむことができます。

炊き方は普通の白米と同様に

雑穀米は、最初は白米や五分づき米などの米に、大さじ二〜三杯ほど入れる程度から始め、好みの量に増やしていくとよいでしょう。普通の白米の場合と同様に炊くことができます。数種の雑穀を混ぜ合わせてもよし、アワごはん、麦ごはん、キビごはんなど単独で合わせて、それぞれの色や個性を味わうのもよいでしょう。様々な雑穀が混ぜられた五穀なども市販されています。

アワ

押し麦

赤米

ヒエ

ハト麦

黒米

黒米ごはん

滋養強壮、健胃、増血効果が脚光を浴びている黒米を食卓に。おかゆにしても風味豊か。

〈**材料**〉米2カップ、黒米大さじ1
〈**つくり方**〉①米と黒米は合わせ、といでざるにあげる。②炊飯器に入れ、米2カップ強の水加減をして炊く。

雑穀ごはん

麦、キビ、アワ、ヒエ、米を合わせた五穀の雑穀ごはん。五穀がそろわなければ、豆類やイモ類をプラスしても。

〈**材料**〉米1カップ、麦・キビ・アワ・ヒエ合わせて1カップ
〈**つくり方**〉①米、麦はといでざるにあげる。キビ・アワ・ヒエはさっと水で洗い、米と合わせる。②炊飯器に入れ、水カップ2強を加えて炊く。

彩りよく味よく旬を炊き込む

ごはんに様々な具を入れて食べるのは、彩りの面からも味覚の面からも申し分のない知恵です。ごはんに具が豊富なぶん、おかずを減らすことができますから、時間や手間の節約にもなります。四季折々の恵みを存分に炊き込みます。

キノコの炊き込みおこわ

旬のキノコが手に入ったら、即つくります。

〈材料〉 うるち米・もち米各1カップ、マイタケ・シメジ・シイタケ合わせて100g、塩少々、酒大さじ1、薄口しょうゆ小さじ1

〈つくり方〉 ①米はといで一晩水につけておく。キノコは石突きを取り、食べやすい大きさにほぐす。②米をざるにあげ炊飯器に入れる。塩、酒、薄口しょうゆを加え、おこわ用の水加減をし、キノコをのせて炊く。（炊飯器に目盛りのないときの水加減は、米の分量の1〜2割り減を目安とする）。

ホタテと枝豆のショウガごはん

ショウガが味を引き締めます。
枝豆のかわりにグリンピースでも。

〈**材料**〉米2カップ、ゆでた枝豆1/2カップ、ホタテ貝柱（缶詰）50g、塩・ショウガ各少々、酒大さじ1、薄口しょうゆ小さじ1

〈**つくり方**〉①米はといで、ざるにあげる。

②炊飯器に米を入れ、塩、酒、薄口しょうゆ、水とホタテの缶汁を合わせてカップ2を加え、ホタテをのせて炊く。炊きあがりに、枝豆とせん切りにしたショウガを混ぜて蒸らす。

サトイモの炊き込みごはん

シラス干しをたっぷり入れてつくります。
加える塩は少なめに。

〈**材料**〉米2カップ、サトイモ2〜3個（100g）、シラス干し20g、塩少々、酒大さじ1、薄口しょうゆ小さじ1、青ジソ少々

〈**つくり方**〉①米はといでざるにあげる。サトイモは皮をむき、5㎜厚さのいちょう切りにする。

②炊飯器に米を入れて塩、酒、薄口しょうゆ、水カップ2を加え、サトイモとシラス干しを上にのせて炊く。

③ごはんを盛り、青ジソを散らす。

汁もの

汁ものづくり五つのくふう

1 味噌にこだわり、季節に合わせて使う

味噌は原料によって米味噌、麦味噌、豆味噌などに分けられますが、私たちが通常「赤味噌」「白味噌」などと呼んで、いつも使っているのは米味噌です。原材料が無農薬栽培で国産丸大豆、国産米こうじ、自然塩使用のものを選びたいもの。安全であるのはもちろん、国産大豆は皮が薄くてやわらかいのに中の栄養が溶け出しにくいので、旨みとコクが違います。「手前味噌」といいますが、自家製味噌の味と香りは格別です。大豆とこうじと塩で簡単につくることができますから、挑戦してみてください（つくり方は95頁下段）。

味噌を混ぜて深みを出したいときには、汗をかく夏には辛めを主体に、寒い冬には甘め主体がよいでしょう。二対一の割合を目安に、あとは好みで調整してください。

麦味噌

米味噌

無農薬栽培の
国産丸大豆

2「浸しておくだけ」の簡単だしだから長続きする

シイタケと昆布のだし

干しシイタケと昆布を水に浸しておくだけで、風味豊かな「だし」のできあがり。冷蔵庫に常備しておけば、汁ものづくりがおっくうになりません。

シイタケがやわらかくなるまで浸しておきます。一〜二時間で風味が出ますが、冷蔵庫で一〇日間くらいは保存できます。

浸しておく間に瓶の中のシイタケも昆布も十分にやわらかくなっているので、汁の具としても簡単に使え、しかもすぐに煮えます。だしを十分にとったら冷凍しておき、まとめて昆布、シイタケの佃煮をつくっても無駄がありません。

味噌汁や吸いものに利用するほか、煮ものにも重宝します。

〈**材料とつくり方**〉干しシイタケは5〜10枚、昆布10㎝を大きめの瓶に入れてひたひたの水を加え、冷蔵庫へ入れておくだけ。シイタケや昆布の分量は、瓶の大きさによって加減する。

おすすめ自家製味噌のつくり方

〈**材料**〉大豆・米こうじ各カップ6、塩カップ3

＊大豆カップ6、米こうじカップ3、塩カップ3でもよい。大豆・米こうじを同量でつくると、甘みが濃くなる。

〈**つくり方**〉①大豆は一晩水につけ、指で豆をつぶせるくらいのやわらかさに煮る（5〜6時間）。煮た豆はざるにあげ、煮汁も取っておく。

②すり鉢や肉ひき機などを使い、豆をすりつぶす（冷めないうちに）。

③分量の塩と米こうじを木じゃくしで切るように混ぜる。この塩切りこうじと②の大豆と煮汁をよく混ぜ、耳たぶのやわらかさにする。これを7〜8㎝の味噌玉に丸める。

④容器の底に塩をふり、味噌玉をびっしりとならべ、表面を平らにする。笹を敷き、塩をふり、さらし布をおいて中ぶたをのせ、重しをおく。一年ほどおいて、できあがり。

3 つくりおきのだしは「利用価値大」を決め手に

後片づけをしながら、また時間の空いたときなどにつくりおきしておくなら、絶対便利な応用範囲の広いだし。いろいろ試してみましたが、利用価値大は次の二種。

削り節のだし

旨みがさっぱりとしていて、しかも濃い。味噌汁はもちろん、薄口しょうゆでつくる吸いものや煮ものなどのだしとして使えます。保存は一週間弱を目安に。

つゆ用のだし

薄めて、即席の吸いものに。ソバにはこれでないとダメと家族中が惚《ほ》れ込む最高のつゆです。さらにわが家では、サヤエンドウやホウレンソウのおひたしにかけたり、煮ものをこっくりさせる隠し味に、うどんやソバの煮込みにと頻繁に使います。

〈材料〉 水カップ5、削り節30〜40g
〈つくり方〉 水を火にかけ、沸騰したら火を弱めて削り節を入れ、弱火で3〜5分間煮る。火を止めて濾《こ》す。

〈材料〉 水カップ5、削り節30〜40g、昆布10㎝、同量のしょうゆ・みりん各150cc（目安。濃さは好みで調節）
〈つくり方〉 水と昆布を火にかけ、沸騰直前に昆布を取り出す。火を弱めて削り節を入れ、弱火で3〜5分間煮る。しょうゆとみりんを入れ、沸騰したら火を止めて濾す。保存は1週間を目安に。

4 青ものは野菜くずやキッチンガーデンを有効活用

ダイコンの葉もカブの葉も、ニンジンの葉も、味噌汁になら刻んで入れるだけで利用できます。また同様のダイコンやカブ、ニンジンなどの野菜くず、とくに首の部分をどうしていますか。窓際に皿や碗を並べ水を張って置いておけば、小さなキッチンガーデンになって、芽が出てスクスクと育ってくれます。即席の汁ものの具や彩りに重宝します。

5 具は旬の素材と乾物を臨機応変に取り込む

味噌汁にはできるだけ季節感のある材料を使います。ミョウガ、セリ、タケノコ、フキノトウ、菊、ミツバ、青ジソなどを散らすだけでもひと味違います。保存の利く麩などの乾物やワカメ、フノリ、青ノリといった海藻など、普段の摂取量が少なくなりがちな素材も上手に生かしてください。

わが家のキッチンガーデン。ダイコンやニンジンの葉が窓辺で育つ

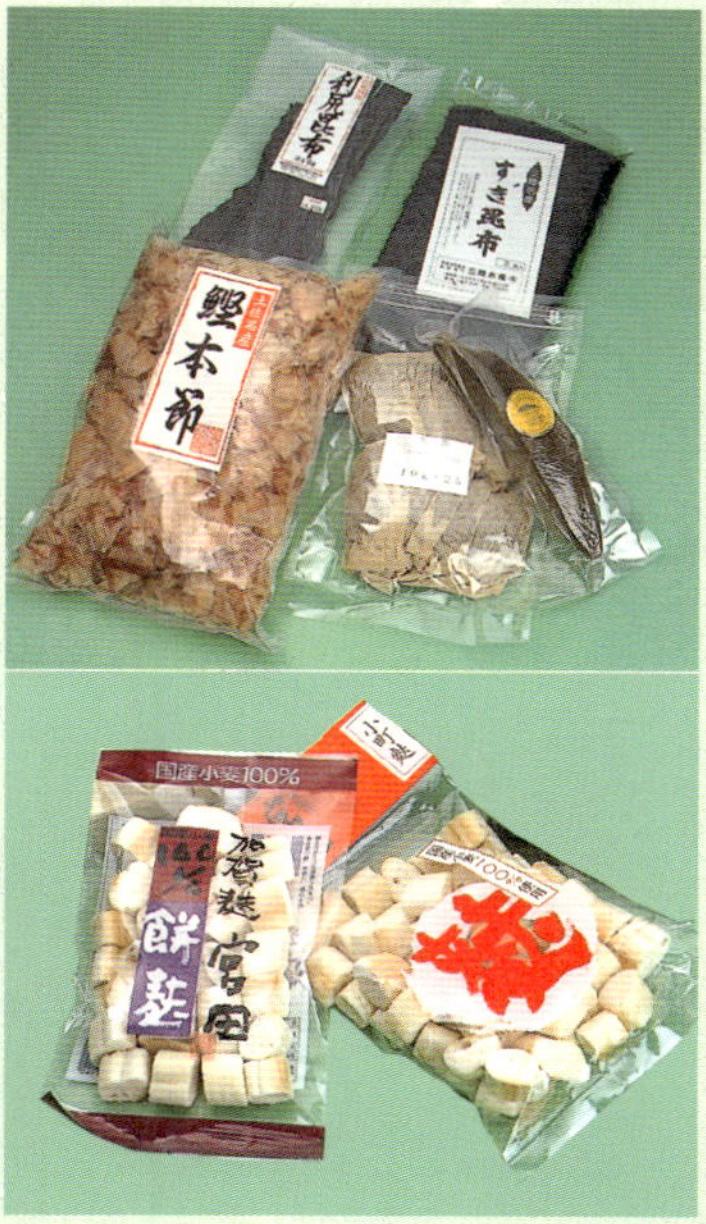

昆布や削り節、麩など乾物は上質のものを使いたい。購入先はP118～

定番の汁もの

昔から親しまれてきた季節の素材の味噌汁が、身体にいちばんやさしい。

タケノコの味噌汁

春を実感させるタケノコ。大腸がんを抑える薬効も。

シジミの味噌汁

滋味豊かなシジミに青ネギを散らして。

麩とネギの味噌汁

麩はもっと活用したい食材のひとつ。水につけてもどして使います。

豆腐と青ノリの味噌汁

春が旬の生の青ノリ。味噌を溶いて、最後に加えます。

サトイモとミョウガの味噌汁

ミョウガは香りが身上。煮立つ前に火を止めます。

ダイコンの味噌汁

せん切りダイコンの、しみじみ素朴な味わい。

ナメコと豆腐の味噌汁

ナメコと豆腐は抜群の相性。最後にネギをプラスして。

ワカメの冷やし汁

ワカメ汁を冷やして、薄切りタマネギとせん切りの青ジソを浮かべた涼やかな一品。

具だくさんの汁もの

忙しいときは、おかずにもなるこんな汁がかえって便利です。

イモ汁

サツマイモの甘さがほっくりとひろがり、子供たちにも好評。

〈材料〉 サトイモ5個、サツマイモ中1本、ニンジン1本、マイタケ1パック、だし汁・味噌各適宜

〈つくり方〉 ①サトイモは皮をむき一口大に切る。サツマイモは皮ごと1㎝厚さの輪切りにする。

②ニンジンは皮をむき縦に4つ割りにし、食べやすい大きさに切る。マイタケは根元を取る。

③鍋にだし汁を入れ、サトイモ、サツマイモ、ニンジンを入れて煮る。イモがやわらかくなったらマイタケを加え、味噌を入れて、煮立つ前に火を止める。

こづゆ

干し貝柱の風味がきいた福島県会津の郷土料理です。何杯でもお代わりしてください。

〈**材料**〉干し貝柱4粒、サトイモ3個、ニンジン1/2本、糸コンニャク1/2袋、干しシイタケ2枚、キクラゲ（黒）5枚、豆麩適宜、ゆでたサヤエンドウ少々、塩・しょうゆ・だし汁各適宜、みりん大さじ1

〈**つくり方**〉①貝柱、キクラゲ、シイタケ、豆麩は水に浸してもどす。貝柱はほぐし、キクラゲは小さく切り、シイタケはせん切りに。②サトイモは皮をむき半月切りに、ニンジンはいちょう切り、糸コンニャクは2㎝長さに切る。③鍋にだし汁と①のもどし汁適宜を入れ、サトイモ、ニンジン、シイタケ、糸コンニャク、貝柱を入れて煮る。塩、しょうゆ、みりんで調味し、キクラゲ、豆麩を加えてひと煮立ちさせる。椀に盛り、サヤエンドウを散らす。

けんちん汁

根菜類がたっぷりとれます。ショウガをすり入れてもおいしい。

〈**材料**〉豆腐1丁、ダイコン10㎝、ゴボウ・ニンジン各1/2本、糸コンニャク（またはコンニャク）1/2袋、シメジ1パック、ネギ1本、ゴマ油大さじ1、だし汁・味噌各適宜

〈**つくり方**〉①ゴボウはささがきにし、水にさらす。ダイコン、ニンジンはいちょう切りにする。②糸コンニャク3㎝長さに切り、ゆでこぼす。③鍋にゴマ油を入れて熱し、①を炒め、しんなりしたらだし汁を入れて、シメジ、糸コンニャクを加えてアクを取りながら煮る。④野菜が煮えたら豆腐を手で崩しながら加え、ひと煮立ちしたら味噌を溶く。小口切りにしたネギを散らす。

常備菜と漬けもの

常備菜でごはんが三倍おいしくなる

常備菜は、ちょっと保存がきいて、冷めたり日がたっても味が変わらない、それどころか、かえっておいしくなるような「おかず」のこと。これがあると、ごはんが三倍はおいしくなります。

たとえば市販の納豆、シラス干し、タラコも立派な常備菜です。ちょっと手を加えただけで、季節感も味わいながら飽きずに食べられます。このほかにも、わが家では梅干し、おかず味噌、佃煮、豆の煮もの、キンピラなどなど、なにかしら用意しておきます。また佃煮は、湿気てしまったノリでつくったり、だしをとった後の昆布やシイタケを利用してつくれば無駄がありません。

市販のものより味を薄くできますし、ただコトコト煮るだけですから簡単です。家族も佃煮や味噌にネギを刻んで入れた小皿を喜んで「うまいなあ、ごはんが何杯もすすんじゃう、お代わり！」なんて言っています。なんといっても、ごはんがおいしく食べられるおかずが最高です。

キンピラは定番の常備菜

漬けものは「見える」「早い」「遊び心」で

漬けものは余った野菜を集めて刻み、塩を軽くふって、ぎゅうっと絞ればできあがりの即席漬けが便利です。また、上質な酢は中途半端なドレッシングよりおいしいと思います。忙しいときには、寿司酢などをドレッシング代わりにかけて食べてみてください。

私は保存漬けにも酢を使います。春にはフキノトウ、秋には菊の花といった季節感あふれる素材や身近な野菜を、いそいそと漬け込みます。瓶に入れるとコンパクトに冷蔵庫に収納できて便利です。何が漬かっているのかも、一目瞭然。使い忘れがありません。

味噌漬けは、普通に使う味噌の中にニンジン、カブ、ゴボウなどの野菜の切れ端や豆腐を入れておきます（109頁）。水けのそれほど多くない野菜なら、どれもそのまま入れておくだけ。水けが多いものは、たとえばダイコンやカブは塩をふり、重しをしてしばらくおいてから味噌に入れます。

しょうゆ漬けは、酢、砂糖、酒、だし汁などで、しょうゆの色と味を薄めて漬けます。カリフラワーなど色が薄い素材を漬けるときれいです。

油分を使わないので、かなりヘルシーです。

秋野菜の酢漬け、カリフラワーのしょうゆ漬け、ダイコンの甘酢漬け、ハクサイと昆布のレモン酢漬けなど、ガラス瓶を使った漬けものはP106〜

とっておきのもう一品

ごはんが三倍はおいしくなる、
常備菜と漬けものです。

自家製佃煮

ささっとできる、
技ありの助っ人たち。

昆布の佃煮

だしをとった後の昆布でも。

〈**材料**〉昆布40g、酢100cc、砂糖20g、しょうゆ50cc、酒大さじ2

〈**つくり方**〉①昆布はさっと水洗いし、2cm角に切り、ざるにあげる。酢を加えて混ぜ一晩つける。②鍋に昆布と調味料を入れ、ひたひたに水を加えて煮る。吹いてきたら火を弱め、汁けがなくなるまで煮詰める。

自家製佃煮でごはんもすすむ

青ノリの佃煮

生の青ノリのほか、古くなった乾燥青ノリや焼きノリでも。

〈**材料**〉生青ノリ100g、だし汁1/4カップ、砂糖大さじ2、酒・しょうゆ・みりん各大さじ1

〈**つくり方**〉鍋にだし汁と調味料を合わせて青ノリを入れ、弱火で煮詰める。乾燥ノリなら、だし汁に浸してしばらくおいてから煮る。

小魚の佃煮

シラス干しは足が早いので、残りそうなら佃煮に。

〈材料〉シラス干し100g、だし汁1/4カップ、砂糖大さじ2、酒・しょうゆ・みりん各大さじ1

〈つくり方〉鍋にだし汁と調味料を合わせてシラス干しを入れ、弱火で煮詰める。

セロリの葉の佃煮

葉にもたっぷり栄養があります。

〈材料〉セロリの葉2本分、だし汁1/4カップ、砂糖大さじ2、酒・しょうゆ・みりん各大さじ1

〈つくり方〉セロリの葉はせん切りにし、だし汁、酒、みりん、砂糖、しょうゆを入れ、弱火で煮詰める。

シイタケの佃煮

干しシイタケならもどして使用。

〈材料〉シイタケ5~6枚、だし汁1/4カップ、砂糖大さじ2、酒・しょうゆ・みりん各大さじ1

〈作り方〉シイタケは細切りにする。鍋に入れ、だし汁と調味料を加えて弱火で煮詰める。

瓶でつくる即席漬け

ガラス瓶で漬けて冷蔵庫に入れておけば、見やすく取り出しやすい。

ダイコンの甘酢漬け

ニンジンやカブでもおいしい。

〈材料〉 ダイコン1/2本、酢1カップ、砂糖100g、水30cc、塩少々、好みでユズ・赤唐辛子など

〈つくり方〉 ①ダイコンは皮をむき、太いものは縦4つ割りにし、瓶に入るくらいの大きさに切る。塩をまぶし、しばらくおく。

②砂糖と水を火にかけて溶かし、冷ましてから酢を加える。

③瓶にダイコンを入れ、②の漬け汁を加える。2〜3日したら食べごろ。

カリフラワーのしょうゆ漬け

シャキシャキの歯ざわりが魅力。

〈材料〉 カリフラワー1個（300g）、昆布細切り10cm分、赤唐辛子の小口切り1本分、漬け汁（薄口しょうゆ・酒・みりん各1/4カップ、酢・砂糖各大さじ1）

〈つくり方〉 ①カリフラワーは塩をひとつまみ入れた熱湯でかためにゆで、ざるにとる。

②漬け汁に昆布と赤唐辛子を加え、①を漬けて味をなじませる。

秋野菜の酢漬け

漬けてすぐに食べられます。

〈**材料**〉キャベツ5枚、カブ1〜2個、ニンジン少々、赤唐辛子1〜3本、根ショウガ1かけ、漬け酢（酢・水各大さじ3、砂糖大さじ2、塩小さじ1）

〈**つくり方**〉①キャベツはざく切り、カブとニンジンは皮をむいて薄めのいちょう切りに。それぞれ塩をひとつまみまぶし、しんなりしたら水けを絞る。

②瓶に入れて漬け酢を注ぐ。好みで唐辛子の小口切りと、根ショウガの薄切りを加える。

ハクサイと昆布のレモン酢漬け

レモン酢がさわやかな風味。

〈**材料**〉ハクサイ10枚、ニンジン1/2本、切り昆布5g、塩適宜、赤唐辛子1本、レモン酢（薄口しょうゆ小さじ2、砂糖・ゴマ油各小さじ1、レモンの搾り汁1個分）

〈**つくり方**〉①ハクサイはざく切り、ニンジンはせん切りにし、塩ひとつまみをまぶし、しんなりしたら絞る。

②昆布は洗って水けをきり、細切りにする。唐辛子は種を取り、小口切りにする。

③瓶に①②、レモン酢を加えて混ぜ、しばらくおき、味をなじませる。

ラディシュと春キャベツの浅漬け

葉も無駄なく生かした、色彩豊かなサラダ感覚の漬けものです。

〈**材料**〉ラディシュ1束（5〜6個）、キャベツ5〜6枚、塩適宜、酒大さじ1

〈**つくり方**〉①ラディシュは薄い輪切りにし、葉も刻む。キャベツはざく切りにする。

②塩と酒をふりかけてもむ。

ミョウガ、青ジソ、キュウリのもみ漬け

香りいっぱいのさっぱりとした一品。好みでせん切りショウガを散らしても。

〈**材料**〉ミョウガ5個、青ジソ5枚、キュウリ3本、塩適宜

〈**つくり方**〉①ミョウガは粗くみじん切りに、青ジソはせん切り、キュウリは薄い輪切りにする。

②ミョウガ、青ジソ、キュウリに塩ひとつまみを加えてもみ、しんなりしたら水けを絞る。

ダイコン、ゴボウ、ニンジンの味噌漬け

根菜、昆布、豆腐の味噌漬け

素材を味噌に、
ただ漬けておくだけの簡単さ。
2～3日漬けると食べごろに。
冷蔵庫で一か月は保存できます。

〈材料〉 ダイコン、ゴボウ、ニンジン、昆布、豆腐など各適宜、塩適宜、味噌はやや多めに

〈つくり方〉 ①ダイコンは塩をふってしばらくおく。ゴボウは皮をこそげ落とし、ニンジンは皮をむき、縦半分に切る。

②昆布は10㎝くらいに切る。水に浸してやわらかくなってからクルクルと巻き、糸でしばってから漬けると、盛りつけたときにきれいに仕上がる。豆腐は布に包んで重しをしてしばらくおき、水けをとる。

③材料を味噌に漬ける。

＊漬け床にした味噌は味噌汁用に使う。

豆腐の味噌漬け

ごはんにお茶うけに、酒の肴にも

小豆
食物繊維、鉄分、ビタミンB群が豊富。利尿、便通、疲労回復効果がある

金時豆
赤紫色のインゲン豆の一種で、金時は赤いものの意

ことこと豆のおかず

土の中に埋めれば芽を出し、たくさんの命を生み出す豆の常備菜。

金時豆とタマネギのあえもの

小豆でつくってもおいしい、酸味の効いた、さっぱりした味わい。レモンの搾り汁であえるので、保存性が高まります。

〈**材料**〉金時豆1カップ、タマネギ小1個、オリーブ油少々、レモンの搾り汁(または酢)大さじ1~2、塩・香草(青ジソ、パセリ、バジル、ミントなど)少々

〈**つくり方**〉①豆はたっぷりの水に一晩つける。そのまま火にかけて、親指と人差し指でつぶせる程度にやわらかくなるまで煮る。②タマネギはみじん切りにし、水けをきった豆に混ぜる。塩、オリーブ油、レモン汁をふりかける。青ジソなど好みの香草をみじん切りにして彩りよく散らす。

青肌豆（青大豆）
外皮が青い大豆である青肌豆は私の好物。大豆の脂質はコレステロールを抑え、豊富なビタミンＥは血管をしなやかにする

豆のおかず味噌

大豆や枝豆でつくります。
春にはタケノコ、
夏にはナスやインゲンを入れても。
ごはんにたっぷりのせて、
召し上がれ。

〈材料〉大豆（水煮）またはゆでた枝豆カップ1、ニンジン1/2本、シイタケ2枚、ゴボウ10㎝、味噌・だし汁各適宜、ゴマ油・みりん・砂糖各大さじ1

〈つくり方〉①ニンジン、ゴボウ、シイタケは5㎜角に切る。
②鍋にゴマ油を熱して①を炒め、豆を加えて炒める。だし汁をひたひたに加え、みりんと砂糖を入れて煮る。
③ニンジン、ゴボウがやわらかくなったら好みの量の味噌を加え、汁けがなくなるまで煮詰める。

白インゲン（大福豆）
隠元禅師が中国より持参したと伝えられる。ビタミンB群、カルシウムを含み、胃腸の炎症に効果があるとされる

白インゲンの煮豆

砂糖の量が少ないほど腐りやすいので、何日もたせるかで加減を。

〈**材料**〉白インゲン豆カップ1、砂糖100～150g、塩少々

〈**つくり方**〉①白インゲン豆は一晩水につける。アクをとりながら煮る。

②親指と人差し指でつぶしてみて、簡単につぶれるくらいにやわらかく煮えたら、砂糖を3回くらいに分けて加える。最後に塩少々を加えて混ぜる。

身体においしい食材、調味料の選び方と入手先

調味料を見きわめるポイント

旬の素材が持つほんものの旨みを十二分に引き出すためにも、調味料はできるだけ吟味した上質のものを使ってください。手間ひまかけて、じっくりとつくられたものを選んでください。多くの場合、良しあしは原材料で見きわめることができます。添加物などで味や色をつけたり、増量したりしていないか、表示を見ればわかります。

味噌

〜国産の丸大豆・米こうじ、自然塩使用で、じっくり熟成〜

原材料がなるべく国産の丸大豆、国産米こうじ（米味噌の場合。麦味噌なら麦こうじ）で、自然塩が使われたもの、さらに醸造期間が一年から二年と長いものを選びます。

一般に市販されている味噌は、温度を高めるなどの速醸法でつくられていること

が多く、醸造期間はせいぜい三〇〜六〇日です。コクがないので、結局、味つけはアミノ酸系調味料に頼らざるをえなくなります。このような味噌は、そのときはおいしく感じても、使い続けると飽きてきてしまいます。また、遺伝子組み換え大豆の危険性が指摘されていますが、原料が「国産丸大豆」、もしくは「遺伝子組み換え原料不使用」の表示のものを選ぶなら安心です。

しょうゆ

〜原料が国産の丸大豆で醸造期間が一年以上〜

原材料がなるべく国産の丸大豆で、遺伝子組み換えの可能性がある醸造用アルコールやブドウ糖加糖液が使用されていないものを。また、醸造期間が一年から二年と長いものを選びます。原料が脱脂加工大豆のものは、特売価格で販売されるなど安いことでお馴染《なじ》みですが、アミノ酸系調味料で味をつくり、カラメル色素で色がつけられています。また、仕込み期間も六か月と短期です。しょうゆは発酵食品ですから、本来の味と香りは四季折々の変化の中で醸し出されるものなのです。

遺伝子組み換え大豆の危険性についても、原料が「国産丸大豆」、もしくは「遺伝子組み換え原料不使用」の表示のものを選ぶなら安心です。

酒、みりん

〜醸造用アルコールが無添加のものを。薄めれば添加物が必要になる〜

酒は醸造用アルコールが無添加の「純米酒」、みりんは原材料が「もち米、米こうじ、焼酎」だけで、醸造用アルコールが無添加のものを選びます。

醸造用アルコールは、増量剤的な役割を果たしています。アルコールを加え、水で薄めるのです。薄めた味を補うため、糖分など様々な添加物が加えられます。大量生産が可能な半面、どうしても栄養や風味で落ちることになります。また、遺伝子組み換えの可能性もあります。

酢

〜表面発酵法でつくられ、醸造アルコール、酸味料、糖料が入ってないもの〜

酢もまた、米酢、醸造酢などの表示に惑わされずに、原材料の表記を見て選んでください。選択のポイントは、次のとおりです。

①原材料の米の使用料が１ℓ中１２０ｇ以上のもの。②醸造用アルコール（遺伝子組み換えの可能性があるため）、酸味料、糖料、化学調味料を使用していないもの。③表面発酵法もしくは静置発酵法でつくられたもの。

油

〜伝統的な製法でつくられた、一番搾り油がよい〜

菜種、ゴマ、エゴマ、オリーブのバージン（一番搾り）油をおすすめします。さらに、菜種油は遺伝子組み換え原料の可能性が高いので、国産のものを。

てんぷら油、サラダ油といった名称で流通する植物油の原料は、大豆、米ヌカ、コーン、綿実など。これらの油が数種類混ぜ合わされて、使われています。大豆や米ヌカなど、それ自体はすぐれた食材ですが、てんぷら油、サラダ油などは一般に「炒《い》る→する→搾る→洗う」といった伝統的な方法では製造されていません。さら

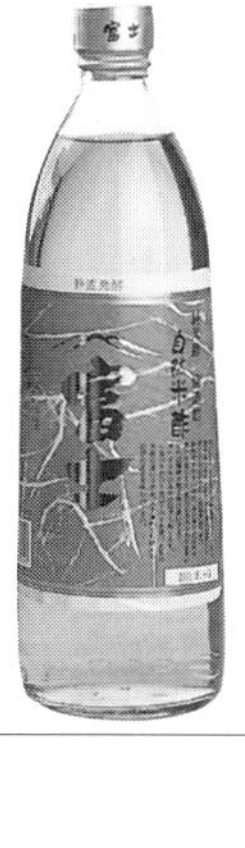

に、てんぷら油、サラダ油は脂質のみが一〇〇%で、ミネラル類、ビタミン類などの栄養成分はほとんどありません。

てんぷら油、サラダ油は、大豆、米ヌカ、コーン、綿実などの原料に含まれている油分が少ないこともあって、また、手間ひまをかけないために、抽出は有機溶剤のヘキサンなどで行われます。この方法は、油分が大量に取れますが、不純物も多くなります。そのため、高温、高圧をかけ、加水分解という化学的な精製過程を経ることが必要になります。この精製過程で、種が本来持っている豊かな栄養成分は失われ、酸化されやすく保存性のない油になってしまいます。

「炒る→する→搾る」の伝統的な製法でつくられたゴマ油、菜種油、エゴマ油、オリーブ油には、天然の酸化防止剤であるビタミンEなどの栄養成分が含まれています。そのため、油の保存性が高まります。しかし、てんぷら油やサラダ油にはまったく含まれず、したがって、すぐに悪くなる(酸負《さんぱい》)など保存性がありません。ビタミンEは、活性酸素を減らす老化防止効果があり、医薬品としても販売されています。ただし、菜種油、ゴマ油、オリーブ油も、精製過程を経たものは、てんぷら油、サラダ油と同様です。製造工程に注意をはらってください。ちなみに紅花油も、残念ながら高温高圧の精製過程を経てつくられていますから、おすすめできません。

砂糖

~精製度が低く、ビタミン、ミネラルたっぷりの自然の砂糖を~

砂糖は、国産の黒砂糖と含蜜糖であるモラセスシュガーがおすすめです。

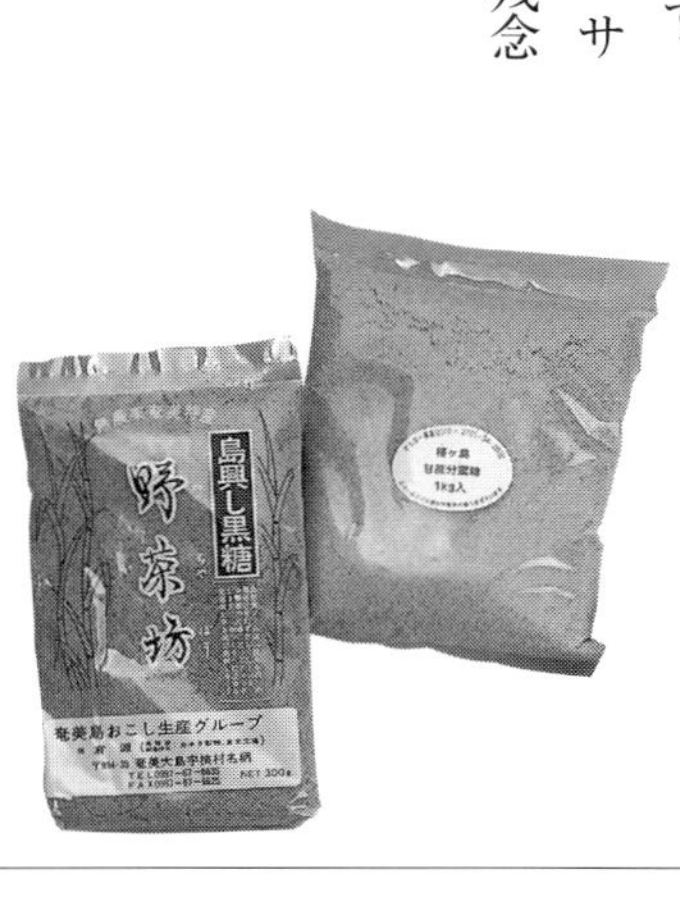

わが家で愛用している黒砂糖「野茶坊」は、奄美大島の倉源さんが丹精込めた品です。固形ではなく粉状なので、料理にも使いやすく重宝しています。こっくりとした風味が生かせる煮豆、煮ものなどに使います。また、砂糖の色をつけたくない酢のもの、砂糖煮、ケーキなどには、モラセスシュガーを使います。

砂糖にも精製段階がいろいろとあり、食生活の中で使い分けをします。しかし、一般に精製度が高いとビタミンやミネラルがほとんどゼロに近くなるので、栄養のバランスなどを考え、伝統的な製法による精製度の低い黒砂糖などを選びたいものです。三温糖の中にも、白砂糖にカラメル色素で着色しただけの、白砂糖と変わらない商品もあります。原材料を確認してください。ミネラル分が含まれ、伝統的な製造方法でつくられている、ほんものの自然のお砂糖を選びたいものです。

塩

〜自然塩は海水に近い、マグネシウム、カリウムを含むものを〜

自然塩で、できれば国産のものを選びます。

イオン交換膜法による精製塩は、塩化ナトリウム九九・五%という高い純度のもので、pHを測ると一〇〜一一とアルカリ性。一方で自然の塩は純度八九〜九七%と低く、マグネシウム、カリウムなども含まれています。pHは八と海水に近く、漬けものの乳酸発酵にもぴったりです。

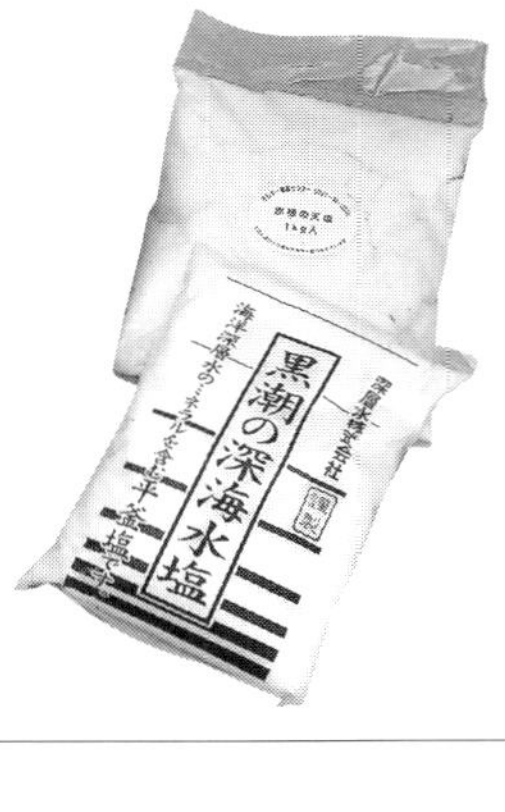

安全な食材、調味料と入手先

ここでは著者が主宰する暮らし研究工房が吟味し取り扱う食材（調味料などを含む）を中心に紹介しますが、全国各地には、その土地ならではの優れた食材が多々あります。安全で安心できる食材の生産者、製造元、さらに取り扱い元（安全な食材の取り扱い組織、さらに生協、消費者グループ、自然食品店、オーガニックマーケットなど）から入手し、身体に心地よい食生活を実現していきたいものです。

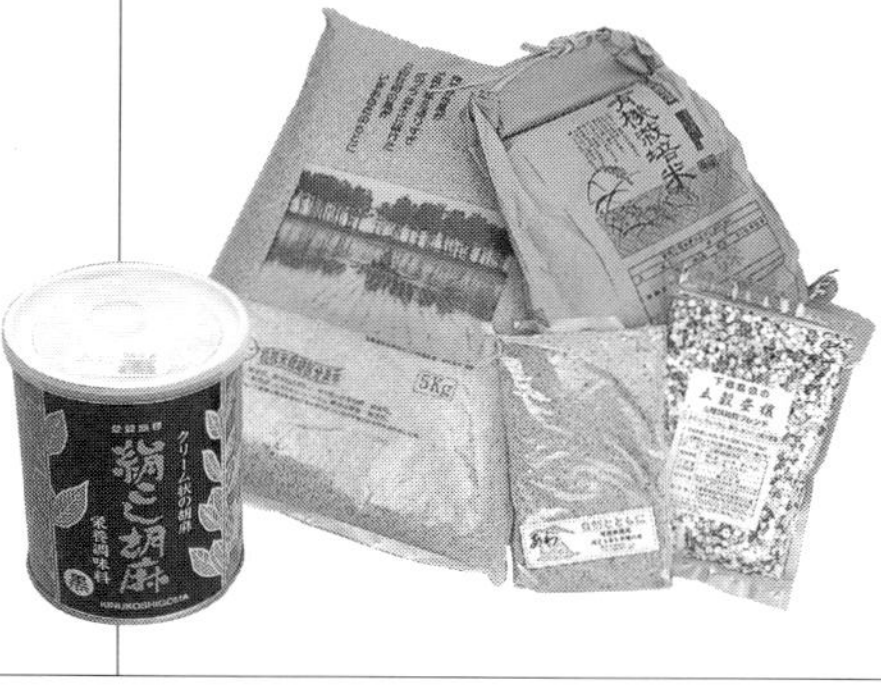

掲載した食材の取り扱い・問い合わせ先

※地方発送のほか、各県の購入先の紹介も

暮らし研究工房
福島県伊達郡飯野町青木字平石72
TEL&FAX　024-562-2009

食材一覧

●以下、生産者・製造元名、食材名（「」内）、特徴の順に紹介

【穀物】

ライスロッジ大潟 黒瀬グループ
「無農薬あきたこまち玄米」
七分米、白米なども

土橋敏郎
「低農薬もち米・白米」
秋田県産。もみ貯蔵

くまもと有機の会
「ウルチ粟」
玄粟保管、そのつど精白
「もちきび」
適度な粘りと甘みあり
「ひえ」
カルシウムが豊富

JA下郷
「五穀豊穣」
麦、アワ、ヒエ、ソバ、はと麦、ゴマをブレンド

【海産物、乾物】

三陸水産
「すき昆布」
天日乾燥、酢酸などの食品製造用剤不使用

徳島県漁連
「徳島産芽ひじき」
やわらかい若芽で、すぐ煮える
「焼きのり」
徳島県産ノリ使用

竹内商店
「花かつお」
天日で干し上げ
富田
「おつゆふ」
国産小麦、グルテン使用。口触りよし
「もちふ」
国産小麦、グルテン使用。手焼き

【塩、砂糖、ゴマ、香辛料】
馬居製麺
「深層水塩」
黒潮の深海水塩
生命と塩の会
「美味海」
完全天日塩。供給量は気候次第
倉源
「野茶坊」
奄美の低農薬黒砂糖
大村屋
「絹こし胡麻」
黒ゴマ、クリーム状
グリム食品
「茨城県産白ごま」
味濃く、香りよし
「山椒（粉末）」
和歌山県産の無農薬

「純カレー」
ウコン、コリアンダー、クミンなど30種類のスパイス

【油、しょうゆ、酢、だし、みりん】
影山製油所
「国産菜種油」
国内産菜種１００％で完全な一番搾り
「ゴマ油」
風味、芳香ともによし
黒怒
「辣油」
玉締め圧搾のゴマ油と熊本県産の鷹の爪を使用
かめびし
「かめびし薄口しょうゆ」
「かめびし濃口しょうゆ」
昔ながらの製造法で国産丸大豆使用
丸中しょうゆ
「丸中しょうゆ」
国産丸大豆・小麦、天然にがり塩使用
黒怒
「三河しろたまり」
元祖薄口しょうゆ。国産小麦、天然塩

「白だし」
カツオ、昆布、シイタケのだしがたっぷり
飯尾醸造
「富士酢」
無農薬米１００％米酢。長期の発酵と熟成
「寿司酢」
富士酢、蜂蜜、自然塩の合わせ酢
光食品
「だしつゆ」
自社でカツオ節、昆布からだしとり
「ぽん酢しょうゆ」
徳島産のユズ、スダチ果汁をふんだんに
「ケチャップ」「ソース」も
角谷文次郎商店
「三河みりん」
原料はもち米、米こうじ、本格焼酎

【味噌】
やさか協同農場
「やさかみそ」
甘、中辛、白味噌、麦味噌あり
佃商店
「御膳みそ」
国産大豆・米こうじ１００％。３年熟成
「ねさし味噌」
昔ながらの製法を守る豆味噌
かねさみそ
「赤だしみそ」「白みそ」
国産大豆・米こうじ１００％。塩分控えめ
「無農薬大豆みそ」
国内産無農薬大豆を使用

【茶】
西製茶
「ほうじ番茶」
秋番茶の茶葉、茎、枝の粗揉み
「特上玄米茶」
有機栽培茶を焙煎《ばいせん》。香ばしい
「麦茶」
大分県産の有機栽培大麦を使用
栃本天海堂
「柿の葉」
常用の薬草茶として
四季の里
「くまざさ茶」
「どくだみ茶」
「すぎな茶」
飲みやすく薬効ある野草茶
「朝どり茶」
ブレンド野草茶

質素ゆえに最上の食を
―結びに代えて―

安全を食べていたはずなのに

私が日々の「食」を大切に考えるようになったのは、三〇年ほど前からのことです。授かった長男が病弱だったことから、少しでも丈夫になってもらいたいと、有機無農薬の農産物、無添加の調味料や加工品などに興味を持つようになりました。やがて見よう見まねで自分でも畑を耕すようになり、安全、安心な食にこだわり続けてきました。有機無農薬の農産物を広めるために会もつくり、たくさんの人に「健康のために安全なものを食べましょう」と呼び掛けてきました。安全なものを食べていれば健康になれると、信じて疑いませんでした。

縁あって東京から家族とともども福島県に移り住み、一九九四年には、一五〇〇年前に建てられたという古民家での暮らしを始めました。

しかし、六年前に私は難病にかかりました。膠原病《こうげんびょう》でした。両手の指が膨れあが

り、ボタンもかけられない、茶碗も持てない……。お医者さまには「今の医学では治せません。治せる薬もありません」と言われました。

当時は、現実の病状のことより、安全なものを食べていたはずなのに難病になってしまったという思いに打ちのめされました。「どの顔下げて世間に出ていけるか」と情けなくて、誰にも会いたくなくなりました。ほんものなんか、安全なものなんか、もういらないと思いました。

しかし、何でもいいわと投げやりな気持ちでつくった食事を、家族は誰も受けつけませんでした。食材も、しょうゆも、味噌も、酢も、味がまるで違うと言うのです。それまでは母親ばかりが一生懸命だった「安全」な食生活に、あれほど反発していた子供たちでしたが、「やっぱり質のいいものでなければ、おいしくない」と言うのです。

生産者が精根込めてつくったひとつひとつの味の深さは、家族の味覚にしっかりとすり込まれていたのです。その味覚の教育力に脱帽でした。

自問と試行錯誤の日々

気を取り直してみたものの、悩みは深刻でした。食材や調味料にこだわり、玄米だって食べ続けてきたのに、なぜ難病になったのだろう……食について深く深く考えさせられました。

病弱な長男と私、家族五人のうち二人までが病を与えられたということは、いったいどういうことなのだろうか?

肉や卵や牛乳を、「安全だから」と過信して、お腹いっぱい食べ過ぎてきたのではないだろうか?

こってりした料理やボリュームたっぷりの料理が多かったということは、ないだろうか?

確かに玄米は食べてきたけれど、本当によく噛んで食べていたのだろうか?

水分は、味噌汁は十分に摂ってきたのだろうか?

自分の身体に、ちょうどいい量を摂ってきたのだろうか?

自問しながらも、食生活を変えていくと、やがて病は癒《い》え、元気に何でもできる身体になりました。そして私がどんなふうに治したのか、これをたくさんの人に知っていただきたいと考えるようになりました。

二菜、三菜と堅苦しく考えないで

長男と私が人一倍元気に働けること、これがどうして可能になったのか。最大の要因は、好きなものを好きなだけ食べていた食生活を、穀物と野菜を中心に据えた腹八分の食生活に切り替えたことにあります。

本文でご紹介したような噛むほどに味わい深い、あまり白くないごはん。

味噌も具も生きている、季節の汁。

ごはんが何倍もおいしくなる、漬けもの・常備菜。

そして旬の野菜や素材の、ちょっとしたおかず。

そんな食事を摂ることで、

しかも身体が心地よいという量だけ摂ることで、日々、力が湧いてきました。

これが私の「一汁二菜のすすめ」です。二菜だから、三菜だからと、どうぞ堅苦しく考えないでください。皿数を増やすことにこだわらずに、自在に足したり引いたりしながら、穀物と旬の素材を、おいしく食べてください。

少なく食べるときほど、質が大事

私は膠原病の治療の一つとして、数十回の断食を体験しました。断食の後にいただいた一杯のおもゆが、五臓六腑に染みわたりました。おいしいものを、お腹がいっぱいになるまで食べることが満足だと思っていたのに、節食の中に、素食の中に満足があることに気づかされました。

少なく食べるときほど、質が大事。一口一口噛みしめて、味わって味わって食べます。

こんな食のスタイルは、昔からご先祖様がつづけてきた食べ方でもあります。質素だけれど、質素なゆえに最上の食。身体が求める一汁二菜です。

二〇〇一年　春

境野　米子

装丁＝田村義也
デザイン＝ベイシックデザイン（中島真子＋久保田和男）
撮影＝熊谷　正
写真協力＝須藤尚俊／野村　淳／丹野清志
器協力＝志賀敏広・志津陶房
校正＝サラスバティ

●著者プロフィール

境野　米子（さかいの こめこ）

群馬県前橋市生まれ。千葉大学薬学部卒業後、東京都立衛生研究所にて食品添加物、残留農薬、重金属汚染などを研究。福島県に転居後、土に根ざした暮らし、自然にやさしい暮らしを願い、有機農業運動に深くかかわる。現在、暮らし研究工房主宰、生活研究家、薬剤師。築150年の茅葺き屋根の古民家を修理して住み、食・農・環境問題の研究を続けたり、自然食・穀菜食・伝統食の重要性をアピールしている。

著書に『米子の畑を食べる』（七つ森書館）、『井上ひさしの農業講座』（井上ひさし・こまつ座編、共同執筆、家の光協会）、『化粧品の上手な選び方』（コモンズ）、『［遊び尽くし］よく効く野草茶ハーブ茶』、『［遊び尽くし］おかゆ一杯の底力』、『病と闘う食事』、『玄米食完全マニュアル』、『素肌にやさしい手づくり化粧品』（いずれも創森社）ほか多数。

一《いち》汁《じゅう》二《に》菜《さい》

2001年5月7日　第1刷発行
2008年10月7日　第4刷発行

著　者――境《さかい》野《の》米《こめ》子《こ》

発行者――相場博也
発行所――株式会社　創森社
〒162-0805　東京都新宿区矢来町96-4
TEL03-5228-2270　FAX03-5228-2410
http://www.soshinsha-pub.com
振替　00160-7-770406
付物組版――有限会社　天龍社
印刷製本――株式会社　シナノ

ISBN978-4-88340-101-7 C0077

〝食・農・環境・社会〟の本

創森社　〒162-0805 東京都新宿区矢来町96-4
TEL 03-5228-2270　FAX 03-5228-2410
http://www.soshinsha-pub.com
＊定価(本体価格＋税)は変わる場合があります

農的小日本主義の勧め
篠原 孝 著　四六判288頁1835円

土は生命の源
岩田進午 著　四六判224頁1631円

野菜相談うけたまわります
野本要二 著　四六判208頁1529円

サンドクラフト入門
甲斐崎圭 監修　日本砂像連盟・吹上浜砂の祭典実行委員会 編　A5判148頁1631円

癒しのガーデニング ～支え合う農場から～
近藤まなみ 著　A5判160頁1575円

ブルーベリー ～栽培から利用加工まで～
日本ブルーベリー協会 編　A5判196頁2000円

森に通う
高田 宏 著　四六判256頁1600円

園芸療法のすすめ
吉長元孝・塩谷哲夫・近藤龍良 編　A5判304頁2800円

週末は田舎暮らし ～二住生活のすすめ～
松田 力 著　A5判176頁1600円

ミミズと土と有機農業
中村好男 著　A5判128頁1680円

身土不二の探究
山下惣一 著　四六判240頁2100円

炭やき教本 ～簡単窯から本格窯まで～
恩方一村逸品研究所 編　A5判176頁2100円

雑穀 ～つくり方・生かし方～
古澤典夫 監修　ライフシード・ネットワーク 編　A5判212頁2100円

愛しの羊ヶ丘から
三浦容子 著　四六判212頁1500円

ブルーベリークッキング
日本ブルーベリー協会 編　A5判164頁1600円

安全を食べたい
遺伝子組み換え食品いらない！キャンペーン事務局 編　A5判176頁1500円

炭焼小屋から
美谷克己 著　四六判224頁1680円

有機農業の力
星 寛治 著　四六判240頁2100円

広島発 ケナフ事典
ケナフの会 監修　木崎秀樹 編　A5判148頁1575円

家庭果樹ブルーベリー ～育て方・楽しみ方～
日本ブルーベリー協会 編　A5判148頁1500円

エゴマ ～つくり方・生かし方～
日本エゴマの会 編　A5判132頁1680円

自給自立の食と農
佐藤喜作 著　四六判200頁1890円

農的循環社会への道
篠原 孝 著　四六判328頁2100円

世界のケナフ紀行
勝井 徹 著　A5判168頁2100円

炭焼紀行
三宅 岳 著　A5判224頁2940円

農村から
丹野清志 著　A5判336頁3000円

この瞬間を生きる ～インドネシア・日本・ユダヤと私と音楽と～
セリア・ダンケルマン 著　四六判256頁1800円

雑穀が未来をつくる
国際雑穀食フォーラム 編　A5判280頁2100円

一汁二菜
境野米子 著　A5判128頁1500円

薪割り礼讃
深澤 光 著　A5判216頁2500円

熊と向き合う
栗栖浩司 著　A5判160頁2000円

立ち飲み酒
立ち飲み研究会 編　A5判352頁1890円

土の文学への招待
南雲道雄 著　四六判240頁1890円

ワインとミルクで地域おこし ～岩手県葛巻町の挑戦～
鈴木重男 著　A5判176頁2000円

一粒のケナフから
NAGANOケナフの会 編　A5判156頁1500円

ケナフに夢のせて
甲山ケナフの会 協力　久保弘子・京谷淑子 編　A5判172頁1500円

よく効くエゴマ料理
日本エゴマの会 編　A5判136頁1500円

リサイクル料理BOOK
福井幸男 著　A5判148頁1500円

すぐにできるオイル缶炭やき術
溝口秀士 著　A5判112頁1300円

病と闘う食事
境野米子 著　A5判224頁1800円

百樹の森で
柿崎ヤス子 著　四六判224頁1500円

園芸福祉のすすめ
日本園芸福祉普及協会 編　A5判196頁1600円